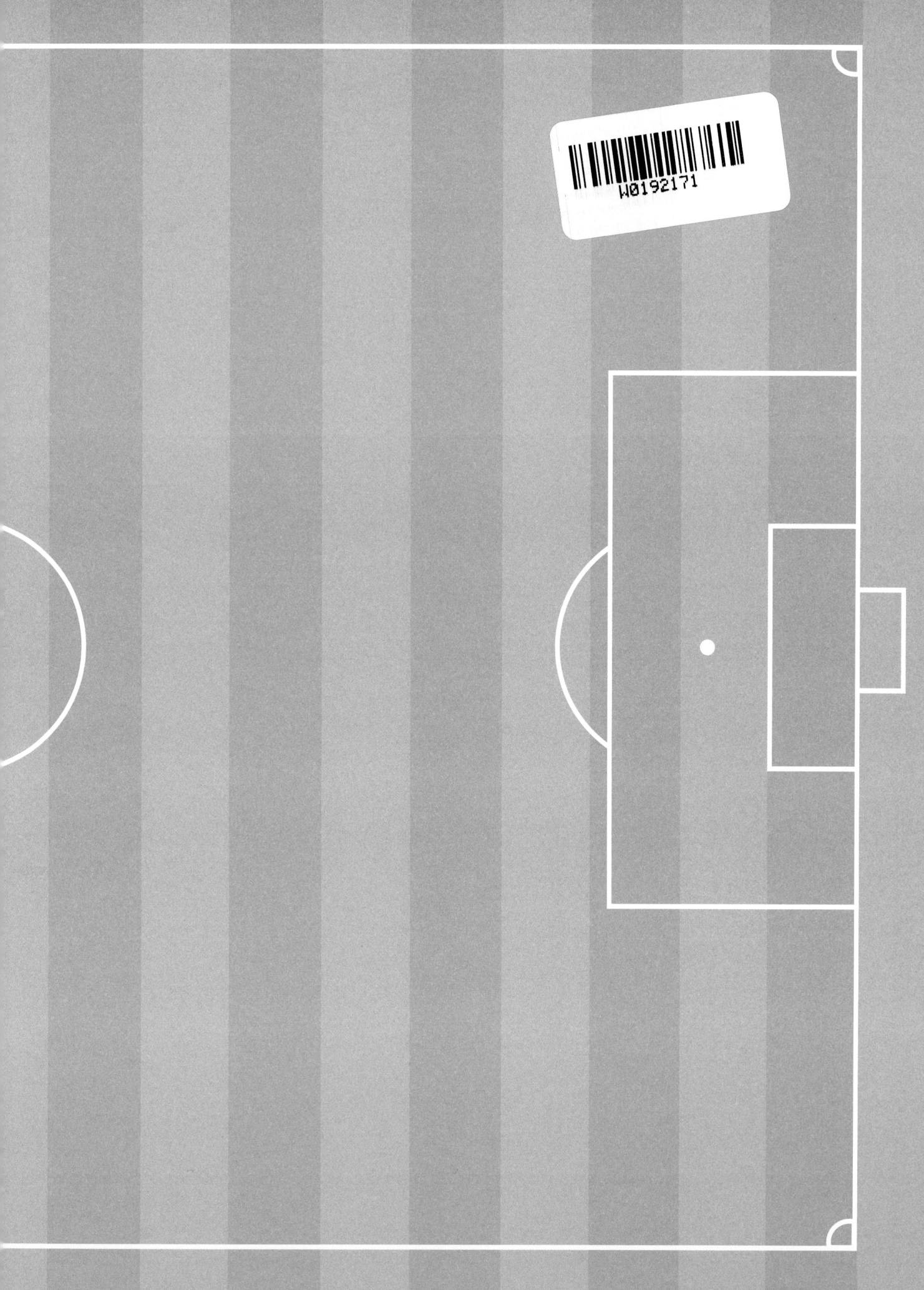

FUSSBALL VERRÜCKT

Lektorat Rona Skene, Francesca Baines, Chris Hawkes,
Suhel Ahmed, Andrew Macintyre, Liz Wheeler, Jonathan Metcalf
Gestaltung und Bildredaktion Chrissy Barnard, Philip Letsu,
Harish Aggarwal, Mik Gates, Stefan Podhorodecki, David Ball,
Kit Lane, Simon Mumford, Sadie Thomas, Steve Crozier,
Nic Dean, Surya Sarangi, Rakesh Kumar, Karen Self
Umschlaggestaltung Suhita Dharamjit, Priyanka Sharma
Saddi, Mark Cavanagh, Tanya Mehrotra, Claire Gell,
Saloni Singh, Sophia MTT
Herstellung Jacqueline Street-Elkayam,
Jude Crozier, Gary Batchelor
Fachliche Beratung Tracey Bourne
Illustrationen Adam Benton, Stuart Jackson-Carter,
Jon@kja-artists

Für die deutsche Ausgabe:
Programmleitung Monika Schlitzer
Redaktionsleitung Martina Glöde
Projektbetreuung Sebastian Twardokus
Herstellungsleitung Dorothee Whittaker
Herstellungskoordination Katharina Schäfer,
Bettina Bähnsch, Claudia Rode
Herstellung Claudia Bürgers, Stefanie Staat,
Inga Reinke, Jenny Kolbe

Titel der englischen Originalausgabe:
Goal!

© Dorling Kindersley Limited, London, 2017, 2020, 2022
Ein Unternehmen der Penguin Random House Group
Alle Rechte vorbehalten

© der deutschsprachigen Ausgabe by
Dorling Kindersley Verlag GmbH, München, 2018, 2020, 2022
Alle deutschsprachigen Rechte vorbehalten

Überarbeitete Neuausgabe

Übersetzung Dr. Michael Schmidt
Satz und Lektorat Hans Kaiser

ISBN 978-3-8310-4581-5

Druck und Bindung RR Donnelley, China

MIX
Papier | Fördert
gute Waldnutzung
FSC® C018179

www.dk-verlag.de

Das schöne Spiel

Historische Ballspiele   6

Das Spiel beginnt   8

Der Fußball erobert
die Welt   10

Fußball heute   12

Frauenfußball   14

Nachspielzeit   16

Grundlagen und Regeln

Spielregeln   20

Das Spielfeld   22

Der Ball   24

Ausrüstung   26

Ideale Schuhe   28

Schiedsrichter   30

Assistenten   32

Vor dem Anstoß   34

Abseitsregel   36

Was ist ein Foul?   38

Freistöße   40

Elfmeter schießen   42

Eckstöße 44

Gelbe und rote Karte 46

Torlinientechnik 48

Spieler-Tracking 50

Nachspielzeit 52

Technische Fertigkeiten

Ballannahme 56

Passen 58

Dribbling 60

Schießen 62

Volley 64

Kopfball 66

Tackling 68

Nachspielzeit 70

Fußball als Teamwork

Der Torwart 74

Stabile Abwehr 76

Magisches Mittelfeld 78

Schnelle Stürmer 80

Spielsysteme 82

Standards: Angriff 86

Standards: Abwehr 88

Taktikgenies 90

Nachspielzeit 92

Verein, Spieler und Fans

So funktioniert ein Verein 96

Der Trainer 98

Das Stadion 100

Transfers 102

Training 104

Verletzungsrisiko 106

Wochenplan
  eines Spielers 108

Die Fans 110

Nachspielzeit 112

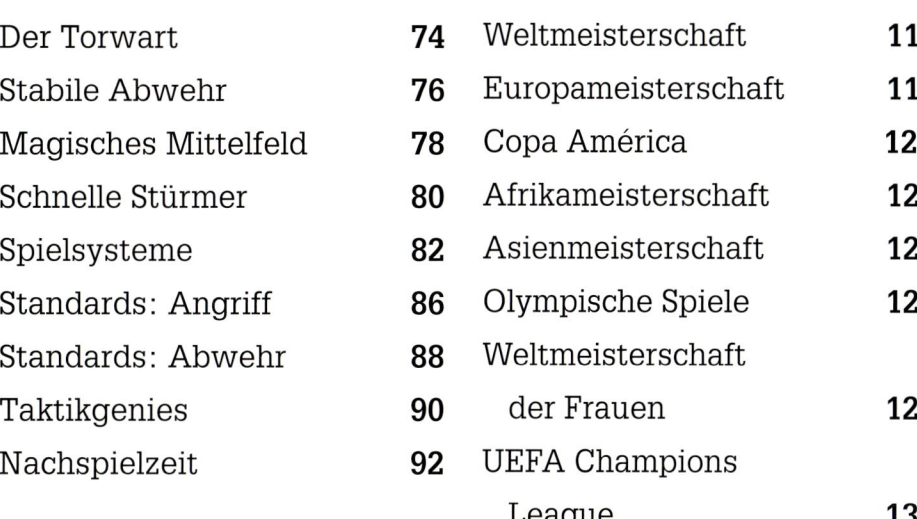

Turniere und Trophäen

Weltmeisterschaft 116

Europameisterschaft 118

Copa América 120

Afrikameisterschaft 122

Asienmeisterschaft 124

Olympische Spiele 126

Weltmeisterschaft
  der Frauen 128

UEFA Champions
  League 130

Copa Libertadores 132

Ehrentafel 134

Glossar 140

Register 142

Dank und Bildnachweis 144

Das schöne Spiel

Niemand weiß genau, wer das Fußballspiel erfunden hat. Doch nachdem die Spielregeln 1863 festgelegt worden waren, verbreitete es sich rasch um den ganzen Globus. Heute hat die beliebteste Sportart der Welt rund 5 Milliarden Fans.

Historische Ballspiele

Die Menschen spielen seit **etwa 4000 Jahren** Ballspiele. All diese Spiele hatten **eigene Regeln**. Manche ähnelten dem **heutigen Fußball**.

Menschen aus allen Schichten spielten Cuju, das jahrhundertelang beliebt blieb.

Cuju wurde auch in Japan, Korea und Vietnam gespielt.

Cuju wurde schon vor über 2000 Jahren in China gespielt und hatte viel mit unserem Fußball gemeinsam. Die Spieler durften weder Hände noch Arme benutzen und der Ball wurde in ein Tor geschossen.

MESOAMERIKANISCHES BALLSPIEL

Das in Mittelamerika vor über 3600 Jahren gespielte Ballspiel ist der älteste Teamsport der Welt. Gespielt wurde auf einem Spielfeld. Der Ball musste durch einen Ring befördert werden, ohne dabei die Hände zu benutzen.

Bei Wettkämpfen spielten zwei Teams von 12 bis 16 Spielern gegeneinander.

Einzelne Spieler wurden berühmt und reich. Im 10. Jh. wurde die beste Mannschaft sogar in einer Landesmeisterschaft ermittelt.

Der Ball hatte eine äußere Hülle aus Leder und war mit Federn ausgestopft.

Das Spiel **beginnt**

Eine Reihe fußballähnlicher Spiele wurden Mitte des 19. Jahrhunderts in **englischen Internaten** gespielt. Doch **die Regeln** dieser Spiele waren **alle unterschiedlich**, sodass die Schulteams nicht gegeneinander spielen konnten.

8 Spieler bilden ein „Bully": 3 „Corners", 2 „Sideposts", 1 „Post", 1 „Pup" und 1 „Fly".

Die Spieler außerhalb des Bullys heißen „Behinds". Gelangt der Ball zu ihnen, schießen sie ihn über das Bully in Richtung des gegnerischen Tors.

Zwei Arten von Spielern bilden die „Behinds": die „Shorts" und die „Longs".

Die Regeln für das Eton Field Game wurden 1815 festgelegt.

DIE FOOTBALL ASSOCIATION (FA)

Der Engländer Ebenezer Morley gilt als Vater der Football Association, dem ersten nationalen Fußballverband. Sein Vorschlag, im Fußball solle es eine Reihe gemeinsamer Regeln geben (damit Mannschaften gegeneinander spielen könnten), führte nach etlichen Sitzungen zur Gründung der Football Association am 26. Oktober 1863. Einige Monate später wurden die ersten Spielregeln veröffentlicht.

Am Eton College wird noch heute das „Field Game" gespielt. Wie beim Fußball ist der Ball rund und die Spieler dürfen ihn nicht mit der Hand berühren. Doch die Regeln sind komplizierter als beim Fußball und es gibt ähnlich wie beim Rugby ein Gedränge, das sogenannte „Bully".

DAS ERSTE LÄNDERSPIEL

Das erste Länderspiel wurde 1872 im schottischen Glasgow zwischen England und Schottland ausgetragen. Das Spiel endete 0:0.

Der Fußball verbreitete sich in andere Länder durch die vielen Verbindungen des Britischen Weltreichs und dank der zahlreichen englischen Arbeiter, die in alle Welt reisten. Schon bald gründeten sich in diesen Ländern eigene nationale Fußballverbände.

1863 Die Football Association, der erste nationale Fußballverband, wird in England gegründet.

1876 Der walisische Fußballverband wird gegründet.

1891 Neuseeland gründet als erstes Land außerhalb Europas einen nationalen Fußballverband.

1900 Am 28. Januar wird in Leipzig der Deutsche Fußball-Bund (DFB) gegründet.

1904 Der Fußballverband von Haiti wird gegründet – der erste in Nordamerika.

1921 Ägypten gründet als erstes Land in Afrika einen nationalen Fußballverband.

1924 Der chinesische Fußballverband wird gegründet.

1928 Israel und Palästina gründen nationale Verbände

1860

1873 In Schottland entsteht der zweite nationale Fußballverband der Welt.

1890

1889 Dänemark und die Niederlande gründen als erste kontinentaleuropäische Länder nationale Fußballverbände.

1912 Die kanadische Soccer Association wird gegründet, 1913 die Soccer Federation der USA.

1920

1939 Zu Beginn des Zweiten Weltkriegs gibt es 109 nationale Verbände.

Der Fußball erobert die Welt

Der 1857 gegründete FC Sheffield ist der älteste Fußballverein der Welt.

Nach der Gründung der Football Association in England 1863 vergehen **noch gut hundert Jahre**, bis wie heute auf **jedem Kontinent** und fast in **jedem Land** der Welt Fußball gespielt wird.

1947 Ein nationaler Verband entsteht im neuen Staat Pakistan.

1965 Die Football Association von Simbabwe entsteht, als das Land die Unabhängigkeit von England erringt.

1971 Der Fußballverband der Vereinigten Arabischen Emirate wird gegründet.

1989 Weißrussland gründet als erster ehemaliger Sowjetstaat einen eigenen nationalen Fußballverband.

2011 Der Südsudan gründet als jüngstes Land einen nationalen Verband.

1950

1980

2010

1960 Zwölf nationale Verbände entstehen weltweit – die größte Anzahl in einem Jahr.

1961 Die Football Federation Australiens entsteht – 70 Jahre nach dem neuseeländischen Verband.

1991 Die Football Association Südafrikas wird nach dem Ende der Apartheid reformiert.

Fußball heute

Die **Fédération Internationale de Football Association (FIFA)** ist der Weltverband des Fußballs. Von Antarktika abgesehen hat **jeder Kontinent** seinen **eigenen Verband**, der internationale Turniere sowie Vereinswettbewerbe organisiert.

CONCACAF

Die CONCACAF organisiert Fußballspiele in Nord- und Mittelamerika sowie der Karibik. Ihr Sitz ist in Miami (USA).

Gegründet:
1961
Mitglieder: 41
Internationale Wettbewerbe:
CONCACAF Gold Cup
Vereinswettbewerbe:
CONCACAF Champions League

UEFA

Die UEFA ist der Fußballdachverband in Europa. Ihr Sitz ist in Nyon (Schweiz).

Gegründet: 1954
Mitglieder: 55
Internationale Wettbewerbe:
UEFA Europameisterschaft

Vereinswettbewerbe:
UEFA Champions League, UEFA Europa League

CONMEBOL

Die CONMEBOL ist der älteste Kontinentalverband der Welt. Sie organisiert die Spiele in Südamerika von ihrem Sitz in Luque (Paraguay) aus.

Gegründet: 1916
Mitglieder: 10
Internationale Wettbewerbe:
Copa América
Vereinswettbewerbe:
Copa Libertadores, Copa Sudamericana

CAF

Die CAF organisiert die Fußballspiele in Afrika. Ihr Sitz befindet sich in der Stadt des 6. Oktober nahe Kairo (Ägypten).

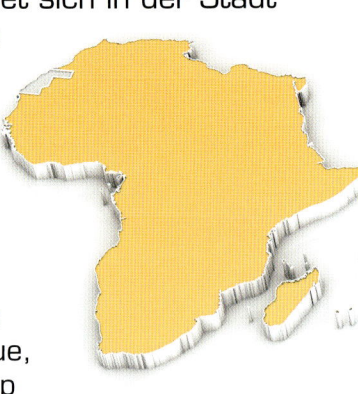

Gegründet: 1957
Mitglieder: 56
Internationale Wettbewerbe:
Africa Cup of Nations
Vereinswettbewerbe:
CAF Champions League, CAF Confederation Cup

FIFA

Die FIFA ist der Fußballweltverband und organisiert die internationalen Hauptwettbewerbe. Ihr Sitz ist in Zürich in der Schweiz.

Gegründet: 1904
Mitglieder: 211
Internationale Wettbewerbe:
FIFA Weltmeisterschaft, FIFA Weltmeisterschaft der Frauen, FIFA Confederations Cup, Olympische Fußballturniere

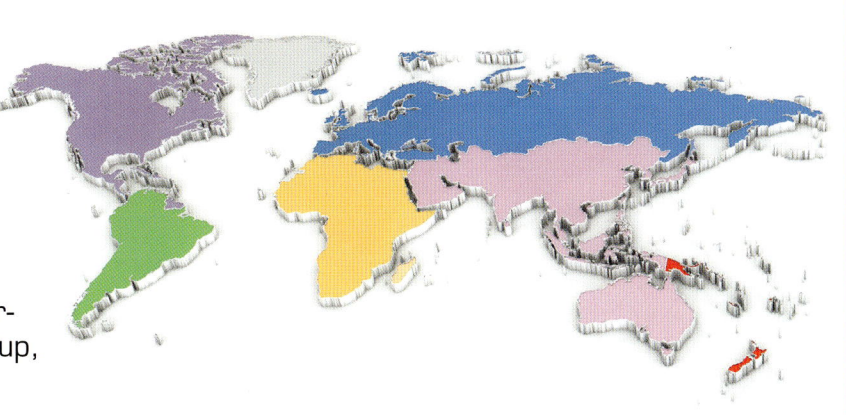

AFC

Die AFC organisiert Fußballspiele in Asien und seit 2006 auch in Australien von ihrem Sitz in Kuala Lumpur (Malaysia) aus.

Gegründet: 1954
Mitglieder: 47
Internationale Wettbewerbe:
AFC Asian Cup
Vereinswettbewerbe:
AFC Champions League, AFC Cup

Das Motto der FIFA lautet: „Für das Spiel. Für die Welt."

OFC

Die 1966 gegründete OFC ist der jüngste Fußballverband. Sie organisiert Spiele in Ozeanien von ihrem Sitz in Auckland (Neuseeland) aus.

Gegründet: 1966
Mitglieder: 14
Internationale Wettbewerbe:
OFC Nations Cup
Vereinswettbewerbe:
OFC Champions League

IN DER BLÜTEZEIT VERBOTEN

Um 1920 war das Spiel der Frauen so beliebt wie das der Männer. Bei einem Match zog das englische Team der Dick Kerr's Ladies (oben rechts) 53 000 Zuschauer an. Doch 1921 verbot die FA Frauenspiele mit der Begründung, der Sport sei für Frauen ungeeignet.

1881 Ein inoffizielles Frauen-länderspiel zwischen Schott-land und England findet am 7. Mai 1881 in Edinburgh statt. Schottland gewinnt 3:0.

1921 Die Football Association verbietet es Frauenteams, auf Plätzen ihrer Mitglieds-vereine zu spielen.

1890er-Jahre Mehrere Frauenvereine werden in England gegründet. Ein Spiel in Nordlondon zieht 10 000 Zuschauer an.

1930er-Jahre Frauenligen ent-stehen in Frank-reich und Italien.

1881   1930

1919 An der ersten französischen Frauen-meisterschaft nehmen nur zwei Vereine teil.

1920 Dick Kerr's Ladies, Englands führender Frauenklub, gewinnt in Frankreich vor 25 000 Zuschauern gegen eine französische Elf mit 2:0.

Frauen-fußball

Diese Szene stammt aus dem Spiel zwischen der Elfenbeinküste und Thailand bei der WM 2015 (Thailand siegte mit 3:2). An dieser Weltmeisterschaft nahmen erstmals 24 Teams teil. Die Frauen-WM wurde vom Fernsehen in 171 Länder übertragen.

Der Frauenfußball erlebte im Lauf der Zeit viele **Höhen und Tiefen**. Zunächst so beliebt wie der Fußball der Männer, wurde er später verboten, hat aber inzwischen einen **großen Aufschwung** erfahren.

1951 In den USA wird die erste Frauenliga gegründet.

1996 Frauenfußball wird erstmals ins Programm der Olympischen Spiele aufgenommen.

1984 Schweden gewinnt die erste offizielle Europameisterschaft der Frauen.

1971 Die FA hebt das Verbot des Frauenfußballs auf. Die UEFA empfiehlt, den Frauenfußball unter die Kontrolle der nationalen Verbände der Mitgliedsländer zu stellen.

2017 Inzwischen nehmen 176 nationale Frauenteams an internationalen Wettbewerben teil.

1960   1980   2000

1969 Eine Gruppe von Frauenvereinen gründet die Frauen-FA in England.

1989 Japan startet als erstes Land eine halbprofessionelle Frauenliga.

1991 Die USA gewinnen die erste Weltmeisterschaft der Frauen.

Im Jahr 1971 genehmigte die FIFA das erste Frauenländerspiel.

1957 Deutschland trägt eine inoffizielle Frauen-Europameisterschaft aus.

Nachspielzeit

Zu den **10** wesentlichen Elementen des altchinesischen Spiels Cuju zählten Respekt für andere Spieler, Höflichkeit, Teamgeist, faires Verhalten und kein gefährliches oder eigensinniges Spiel.

Im **mesoamerikanischen Ballspiel** gab es unterschiedlich große und schwere Bälle. Einige waren so klein wie Tennisbälle, andere konnten bis zu 3,6 kg wiegen – so viel wie eine **Wassermelone**.

73 %
der FIFA-Mitglieds-verbände haben ein Frauenteam.

30 Millionen
Frauen und Mädchen auf der Welt spielen Fußball.

Länder mit den meisten registrierten **Spielern**

Spieler, die für einen Verein spielen, sind normalerweise beim nationalen Fußballverband registriert. Die Grafik zeigt die Länder mit den meisten registrierten Spielern.

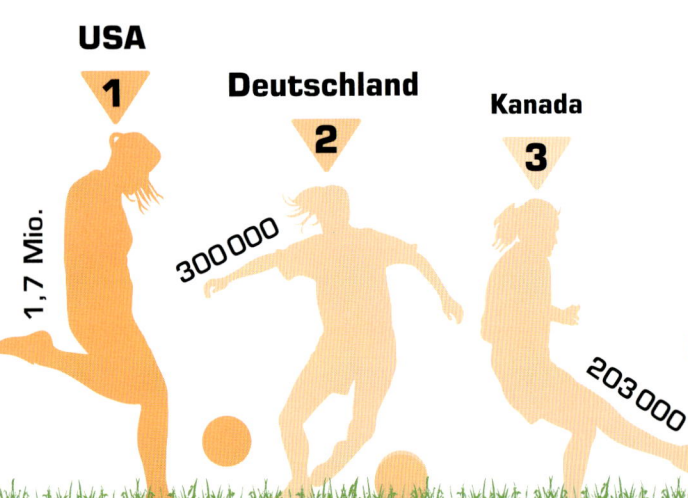

USA
1
1,7 Mio.

Deutschland
2
300 000

Kanada
3
203 000

Deutschland
1
5,9 Mio.

USA
2
2,5 Mio.

Brasilien
3
2,1 Mio.

Fußballspielerinnen

Fußballspieler

Die reichsten Ligen der Welt

Nationale Ligen verdienen ihr Geld vor allem mit dem Verkauf der Übertragungsrechte von Spielen an Fernsehsender. In Europa gibt es die fünf reichsten Ligen der Welt, mit Englands Premier League an der Spitze und der Bundesliga dahinter.

Premier League England € 6,1 Mrd.

Bundesliga Deutschland € 3,0 Mrd.

Ligue 1 Frankreich € 1,7 Mrd.

Serie A Italien € 2,3 Mrd.

Primera Division Spanien € 3,4 Mrd.

50%
der FIFA-Mitgliedsländer haben ein **Jugendteam**.

Die FIFA hat **211 Mitgliedsländer**, die Vereinten Nationen **193 Staaten**.

Länder mit den meisten männlichen Profispielern

2017 ermittelte die FIFA, dass es in Mexiko die meisten professionellen Fußballspieler gibt.

Mexiko 9753

Brasilien 9177

England 5935

Argentinien 3920

Türkei 3693

Grundlagen und Regeln

Jeder kann Fußball spielen – man braucht nur einen Ball und etwas Platz zum Kicken. Auch das professionelle Spiel ist relativ einfach: Zwei Teams mit je 11 Spielern spielen 90 Minuten lang, wobei ein Schiedsrichtergespann (der Schiedsrichter und seine Assistenten) darauf achtet, dass beide Manschaften sich an die Spielregeln halten.

Spielregeln

Im Fußball decken **17 Regeln** jeden Aspekt des Spiels ab. 1863 führte die **englische FA** 13 Regeln ein. Die anderen vier kamen später hinzu.

5 **Schiedsrichter**
Der Schiedsrichter leitet das Spiel, seine Entscheidungen sind bindend.

6 **Assistenten**
Zwei Assistenten und ein Video-Assistent unterstützen den Schiedsrichter bei der Durchsetzung der Regeln.

7 **Spieldauer**
Ein Spiel umfasst zwei Halbzeiten von je 45 Minuten, zwischen denen eine Halbzeitpause liegt.

1 **Spielfeld**
Es kann unterschiedlich groß sein, muss aber rechteckig sein und die korrekten Markierungen haben.

2 **Ball**
Der Ball muss 410 bis 450 g wiegen und einen Umfang zwischen 68 und 70 cm haben.

3 **Zahl der Spieler**
Jedes Team spielt mit 11 Spielern. Hat ein Team weniger als 7 Spieler, darf das Spiel nicht begonnen oder fortgesetzt werden.

4 **Ausrüstung der Spieler**
Die Spieler müssen ein Trikot, eine kurze Hose, Stutzen, Schienbeinschoner und Fußballschuhe tragen.

5. Schiedsrichter

1. Spielfeld

1863 · 1891 · 1902

3. Zahl der Spieler

Das handschriftliche Original der „Regeln des Spiels" von Ebenezer Cobb Morley (1863)

8 Spielbeginn
Das Spiel beginnt mit einem Anstoß. Auch nach jedem Tor gibt es einen Anstoß.

9 Ball im Spiel
Der Ball ist innerhalb des Spielfelds so lange im Spiel, bis der Schiedsrichter unterbricht.

10 Erzielung eines Tors
Ein Tor ist erzielt, wenn der Ball die Torlinie zwischen den Torpfosten mit ganzem Umfang passiert hat.

11 Abseits
Ein Spieler ist im Abseits, wenn er im Augenblick des Zuspiels der gegnerischen Torlinie näher ist als der Ball und der vorletzte Abwehrspieler.

12 Fouls und unsportliches Verhalten
Die Spieler müssen fair und sicher spielen und werden für jedes unfaire oder unsportliche Verhalten bestraft.

13 Freistoß
Fouls und andere Regelverstöße werden mit einem Freistoß geahndet. Er wird von der Stelle ausgeführt, an der sich das Vergehen ereignet hat.

14 Strafstoß
Ein Team erhält einen Strafstoß, wenn ein Spieler im gegnerischen Strafraum gefoult wird.

15 Einwurf
Ein Team bekommt einen Einwurf, wenn der Ball die Seitenlinie überquert hat und zuletzt von einem gegnerischen Spieler berührt wurde.

16 Abstoß
Das verteidigende Team bekommt einen Abstoß, wenn der Ball vor dem Überqueren der Torauslinie zuletzt von einem Angreifer berührt wurde.

17 Eckstoß
Das angreifende Team bekommt einen Eckstoß, wenn der Ball vor dem Überqueren der Torauslinie zuletzt von einem Spieler des verteidigenden Teams berührt wurde.

12. Fouls und unsportliches Verhalten

10. Erzielung eines Tors

15. Einwurf

17. Eckstoß

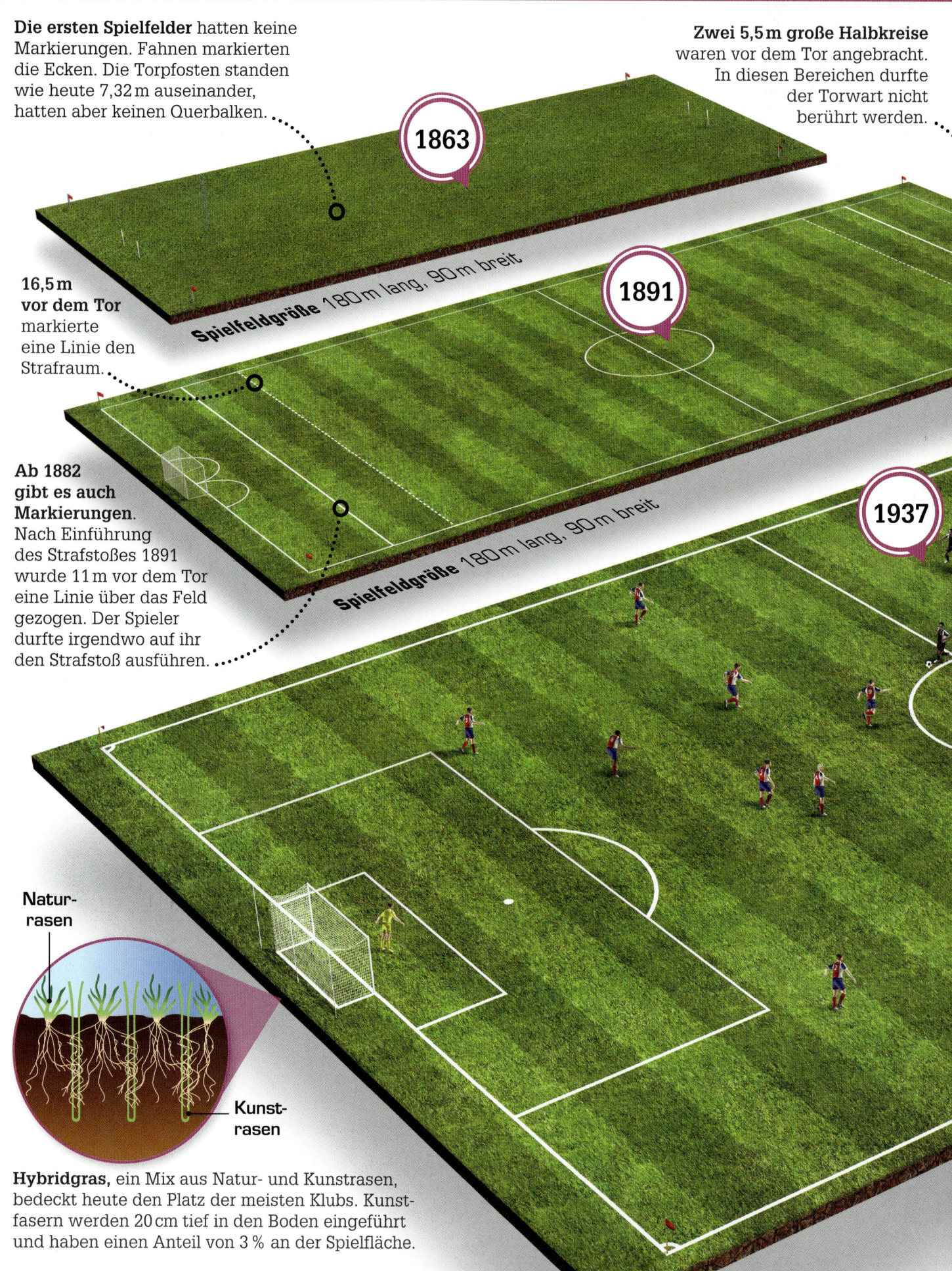

Die ersten Spielfelder hatten keine Markierungen. Fahnen markierten die Ecken. Die Torpfosten standen wie heute 7,32 m auseinander, hatten aber keinen Querbalken.

1863

Zwei 5,5 m große Halbkreise waren vor dem Tor angebracht. In diesen Bereichen durfte der Torwart nicht berührt werden.

Spielfeldgröße 180 m lang, 90 m breit

1891

16,5 m vor dem Tor markierte eine Linie den Strafraum.

Ab 1882 gibt es auch Markierungen. Nach Einführung des Strafstoßes 1891 wurde 11 m vor dem Tor eine Linie über das Feld gezogen. Der Spieler durfte irgendwo auf ihr den Strafstoß ausführen.

Spielfeldgröße 180 m lang, 90 m breit

1937

Natur-rasen

Kunst-rasen

Hybridgras, ein Mix aus Natur- und Kunstrasen, bedeckt heute den Platz der meisten Klubs. Kunstfasern werden 20 cm tief in den Boden eingeführt und haben einen Anteil von 3 % an der Spielfläche.

Das Spielfeld

Das erste Regelwerk der FA enthielt keine Vorgaben für Spielfeldmarkierungen. Erst im frühen 20. Jh. nahmen Fußballplätze ihre moderne Form an.

1872 wurde erstmals ein Band zwischen den Pfosten in einer Höhe von 2,44 m angebracht. Ein massiver Querbalken ersetzte es ab dem Jahr 1875.

Die 16,5-m-Linie wurde 1902 zum Strafraum verkürzt. 1937 kam der Strafkreis hinzu, der gewährleistet, dass alle Spieler außer dem Schützen beim Strafstoß mindestens 9,15 m vom Elfmeterpunkt entfernt sind.

Spielfeldgröße 90–120 m lang, 45–90 m breit

Ein normales Spielfeld enthält etwa 300 Mio. Grashalme.

Größe und Aussehen des Spielfelds haben sich stark verändert, seitdem Fußball 1863 erstmals gespielt wurde. Die Abbildungen zeigen, wie Spielfeldmarkierungen im Lauf der Jahre verändert wurden.

RASENHEIZUNG

Die großen Klubs haben eine Rasenheizung unter dem Spielfeld. Sie besteht aus einem Hunderte Meter langen Rohrnetz, in dem heißes Wasser zirkuliert, damit der Rasen im Winter nicht gefriert.

Der Ball

Die **frühesten Fußbälle** waren in Leder gehüllte **aufgeblasene Schweinsblasen**. Seither haben sich die **Herstellung** und die **Materialien** von Fußbällen grundlegend verändert.

Im Mittelalter spielte man mit einem Lederball, in dem eine aufgeblasene Schweinsblase steckte, doch er sprang nicht gut und verlor oft Luft. Heutige Bälle haben eine Außenhülle aus Kunstleder, eine Innenauskleidung und in der Mitte eine Gummiblase.

Den ältesten Fußball fand man in einer schottischen Burg. Er stammt aus der Zeit um 1540.

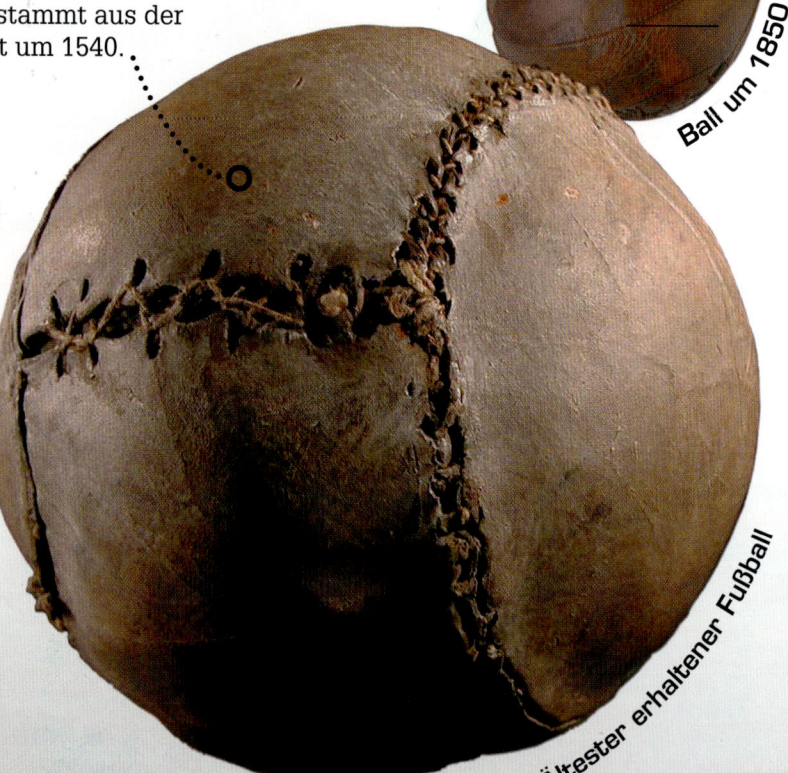

Ältester erhaltener Fußball

Telstar um 1970

Ball um 1990

Ball um 1880

Ball um 1850

Der Telstar bestand aus 20 sechseckigen und 12 fünfeckigen zusammengenähten Panels.

📊 GUT ZU WISSEN

Fußbälle gibt es in verschiedenen Standardgrößen, entsprechend der Fußballvariante und dem Alter der Spieler.

Ab 14

Ballgröße 5
68–70 cm
Umfang

Unter 14

Ballgröße 4
63,5–66 cm
Umfang

Unter 10

Ballgröße 3
58,5–61 cm
Umfang

Beachfußball
68–70 cm
Umfang

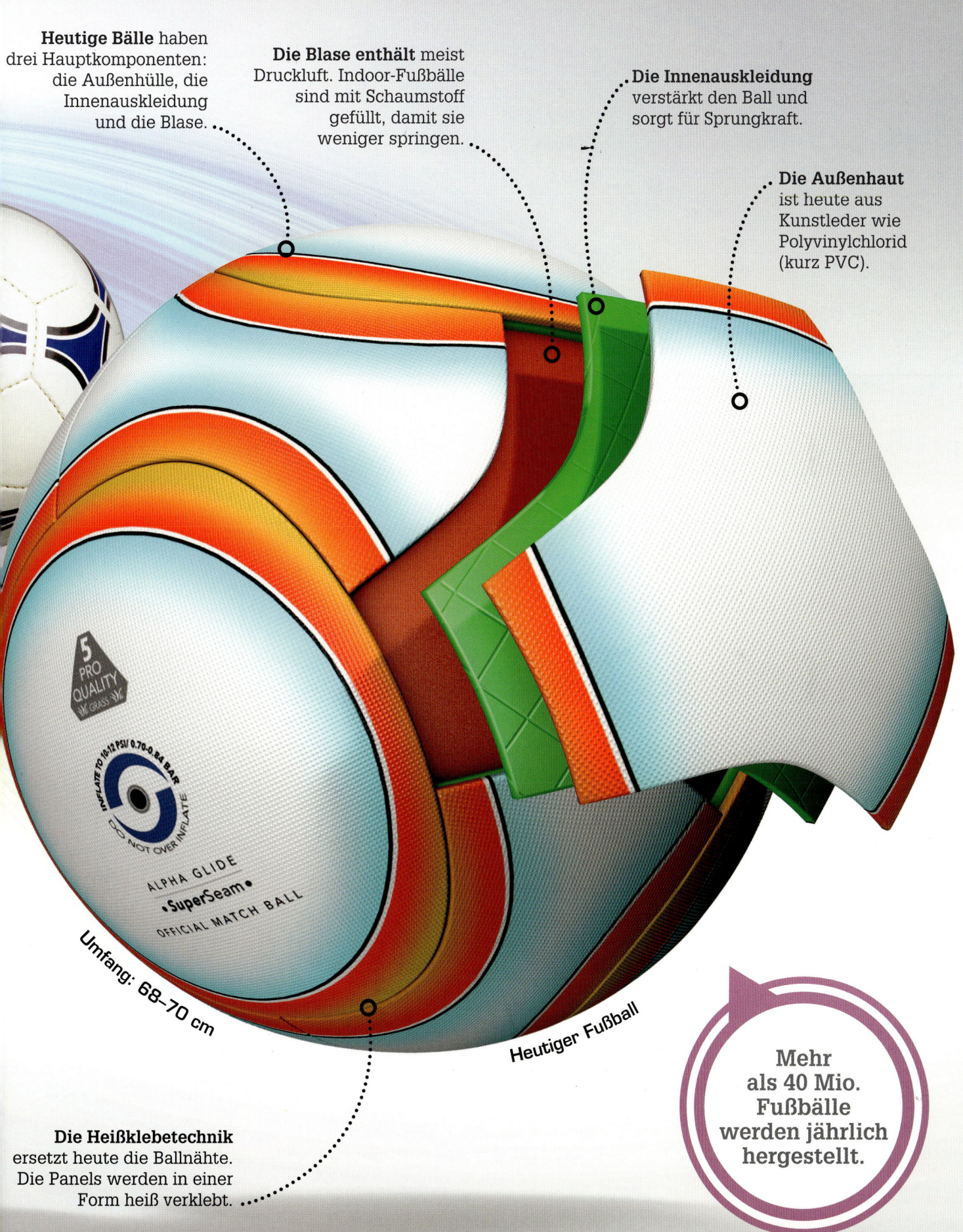

Heutige Bälle haben drei Hauptkomponenten: die Außenhülle, die Innenauskleidung und die Blase.

Die Blase enthält meist Druckluft. Indoor-Fußbälle sind mit Schaumstoff gefüllt, damit sie weniger springen.

Die Innenauskleidung verstärkt den Ball und sorgt für Sprungkraft.

Die Außenhaut ist heute aus Kunstleder wie Polyvinylchlorid (kurz PVC).

5 PRO QUALITY GRASS

INFLATE TO 10-12 PSI/ 0.70-0.84 BAR
DO NOT OVER INFLATE

ALPHA GLIDE
SuperSeam
OFFICIAL MATCH BALL

Umfang: 68–70 cm

Heutiger Fußball

Die Heißklebetechnik ersetzt heute die Ballnähte. Die Panels werden in einer Form heiß verklebt.

Mehr als 40 Mio. Fußbälle werden jährlich hergestellt.

Ausrüstung

Die Fußballkleidung hat sich sehr verändert – von den dicken **Baumwollhemden** und **Schlabbershorts** des 19. Jh. zu den heutigen Trikots und Hosen aus **Hightech-Materialien.**

1921 wurde festgelegt, dass bei Farbgleichheit das Auswärtsteam (und nicht das Heimteam) seine Kleidung ändern muss. Heute haben alle Teams einen Heim- und einen Auswärtsdress, manche sogar noch einen dritten Trikotsatz.

Moderne Trikots sind meist aus Polyester-Netzstoff, der atmungsaktiv ist. Sie enthalten auch Elastan, das für Reißfestigkeit und Flexibilität sorgt.

Die Ärmel können nach den Regeln entweder lang oder kurz sein.

An ihrem Dress kann man die beiden Teams auf dem Platz leicht unterscheiden. Das Design hat sich im Lauf der Zeit stark verändert. Diese Abbildung vergleicht einen Dress um 1890 mit dem eines heutigen Spielers.

Frühe Fußballhemden waren aus dicker Baumwolle und hatten einen Kragen – manche waren sogar aus schwerer Wolle.

Teamtrikots kamen um 1870 auf.

Moderne Hosen sind locker und sorgen für Bewegungsfreiheit und gute Luftzirkulation.

Eintracht Braunschweig trug als erster Verein in der Bundesligasaison 1973/74 einen Sponsor auf dem Trikot.

Moderne Schienbeinschoner bestehen aus verschiedenen synthetischen Materialien. Sie sollen die Wucht des Aufpralls über eine möglichst große Fläche verteilen.

Die Stutzen müssen die Schienbeinschoner ganz bedecken.

Heute

1890

Die Shorts mussten nach einer Regel der Football Association von 1904 die Knie ganz bedecken.

Der erste Spieler mit Schienbeinschonern war 1874 Sam Weller Widdowson vom englischen Klub Nottingham Forest. Er hatte sich abgeschnittene Kricketschoner um seine Strümpfe geschnallt.

Die Stutzen früherer Spieler konnten jede beliebige Farbe haben. Erst seit 1937 müssen die Klubs Farbe und Design der Stutzen registrieren lassen.

Ideale Schuhe

Früher sollten Fußballschuhe den Spielern vor allem **Schutz und Halt** auf dem Platz bieten. Heute hat der moderne Schuh nach langer Entwicklung die Hauptfunktion, **das Leistungsvermögen** eines Spielers zu **verbessern**.

Die Schuhoberfläche weist unterschiedlich große Zacken und Rillen auf. Sie sorgen für bessere Griffigkeit und Ballkontrolle.

Der Oberteil des Schuhs ist flexibel und unterstützt die Beweglichkeit des Spielers.

Die Nocken sind pfeilförmig. Tests zeigten, dass sie einen besseren Halt als Stollen auf dem Rasen ermöglichen.

Moderne Schuhe sind das Ergebnis gründlicher Forschung. Untersucht wurden Spielerbewegungen, welcher Teil des Fußes am häufigsten den Ball berührt und der Tragekomfort.

Eine elastische Strickstulpe unterstützt die Bewegung, hält den Schuh fester am Fuß und sorgt für mehr Komfort.

FRÜHE SCHUHE

Früher waren Fußballschuhe aus Leder, schwer und unbequem zu tragen. Erst 1891 ließ die englische Football Association Schuhe zu, die mit Stollen versehen waren.

Die Schuhsohle ist dem Fuß perfekt angepasst.

Die ältesten bekannten Fußballschuhe trug 1526 Englands König Heinrich VIII.

Die flexible Sohle aus Kunststoff erhöht die Beweglichkeit des Spielers.

Die Position der Nocken wurde nach gründlicher Analyse von Bewegungen der Spieler auf dem Platz festgelegt.

Kommunikationstechnik im Wert von mehreren tausend Euro tragen Schiedsrichter in den höchsten Spielklassen auf dem Platz. Über hunderttausend Euro kostet die Installation der Torlinientechnik im Stadion.

Über ein Headset kommuniziert der Schiedsrichter mit seinen Assistenten. So können sie einander selbst bei ohrenbetäubendem Lärm im Stadion deutlich verstehen.

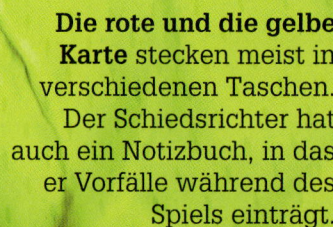

Ein Funkgerät überträgt die Mitteilungen aufs Headset. Es wird von einem Akku betrieben.

Die rote und die gelbe Karte stecken meist in verschiedenen Taschen. Der Schiedsrichter hat auch ein Notizbuch, in das er Vorfälle während des Spiels einträgt.

Früher pfiff der Schiedsrichter nicht, sondern schwenkte ein Taschentuch.

Die Torlinientechnik überwacht mithilfe computergesteuerter Kameras beide Tore und informiert den Schiedsrichter über ein Gerät am Handgelenk, wenn der Ball die Torlinie voll überquert hat.

Schieds-richter

Der Schiedsrichter sorgt für die **Einhaltung der Spielregeln**. In höheren Spielklassen unter-stützt **modernste Technik** seine Arbeit.

Das Signalempfangssystem summt und vibriert, wenn ein Assistent den Knopf an seiner Fahne drückt. Damit signalisiert er Regelverstöße.

Eine Stoppuhr kontrolliert die Spielzeit. Mit ihr kann der Schiedsrichter auch die Spielunterbrechungen messen und so die Länge der Nachspielzeit bestimmen.

FREISTOSSSPRAY

Bekommt ein Team einen Freistoß zugesprochen, markiert der Schiedsrichter einen Abstand von 9,15 m zum Ball mit einem Schaum-spray. Wenn der Freistoß ausgeführt wird, müssen die Verteidiger hinter dieser Markierung stehen.

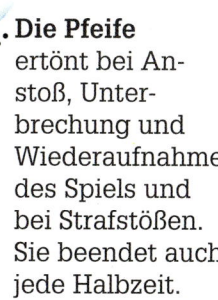

Die Pfeife ertönt bei An-stoß, Unter-brechung und Wiederaufnahme des Spiels und bei Strafstößen. Sie beendet auch jede Halbzeit.

Die **Schiedsrichterassistenten kommunizieren** mit dem Schiedsrichter über ein kleines Funkgerät.

Assistenten

Die Schiedsrichterassistenten unterstützen den Schiedsrichter dabei, dass die **Spielregeln** eingehalten werden. Sie laufen an der Seitenlinie auf und ab und sind für je eine Spielfeldhälfte zuständig. Der Schiedsrichter kann ihre Entscheidungen **überstimmen**.

Die **Assistenten** helfen auch in Situationen, in denen der Schiedsrichter einen Vorfall von seiner Position aus nicht gut genug erkennen konnte.

Wird der Knopf an der Fahne gedrückt, erhält der Schiedsrichter ein Ton- oder Vibrationssignal, mit dem der Assistent auf sich aufmerksam macht.

VIDEOBEWEIS

Der Videobeweis soll Fehlentscheidungen vermeiden. Ein Videoassistent überprüft strittige Entscheidungen. Der Schiedsrichter kann sich die Szene auch selbst an einem Monitor am Spielfeldrand ansehen.

Die Schiedsrichter-assistenten hießen vor 1996 Linienrichter.

Die auffällige Farbe der Fahne erregt maximale Aufmerksamkeit, wenn der Assistent etwas signalisiert.

✦ GUT ZU WISSEN

Von den meisten Schiedsrichtern wird das Diagonalsystem zur Spielleitung genutzt. Der Schiedsrichter (S) läuft entlang einer Diagonalen zwischen den entgegen-gesetzten Eckpunkten der beiden Strafräume. Jeder Schiedsrichterassistent (SA) ist für eine Spielfeld-hälfte zuständig.

Die Assistenten signalisieren dem Schieds-richter Vorfälle und Regelverstöße in ihrer Spielfeldhälfte mit einer Reihe von Fahnensignalen.

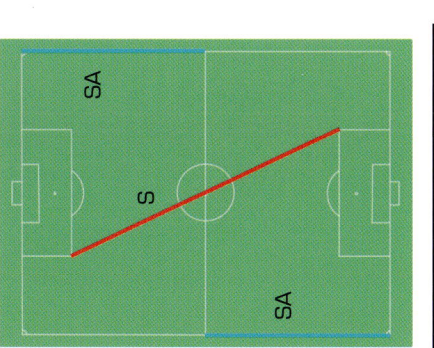

Auswechslung

Die mit beiden Händen über den Kopf gehaltene Fahne zeigt an, dass ein Team auswechseln will.

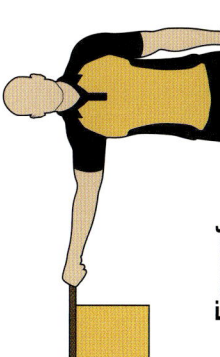

Abseits

Die hoch über den Kopf ge-haltene Fahne signalisiert eine Abseitsposition.

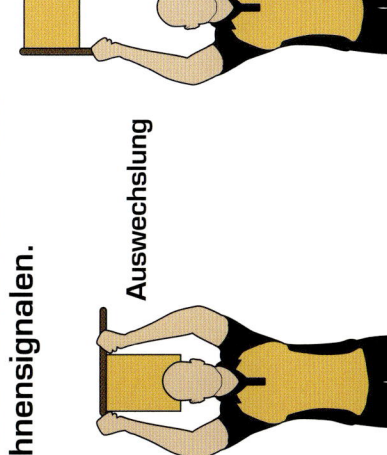

Einwurf

Die nach einer Seite ge-haltene Fahne zeigt in die Spielrichtung des Teams, das einen Einwurf bekommt.

3 Stunden

2 Stunden

1½ Stunden

1 Ankunft der Teams
Bis zu 3 Stunden vor dem Anstoß begeben sich die Spieler zum Stadion. Beide Teams treffen mit ihren Mannschaftsbussen ein.

2 Teamvorstellung
Beide Trainer geben ihre Startaufstellung bekannt. An die Presse geht sie aber oft erst etwa 45 Minuten vor dem Anpfiff.

3 Konzentration
Die Spieler bereiten sich mental vor. Jeder hat seine eigenen Rituale, um bis zum Anstoß entspannt und fokussiert zu bleiben.

2012 schoss Vuk Bakic von GSP Polet direkt aus einem Anstoß ein Tor in der Serbischen Liga.

Vor dem Anstoß

Vor dem **Anstoß** bereiten sich die Spieler bis zu 2 Stunden auf die **körperlichen** und **mentalen** Anstrengungen des anstehenden Spiels vor.

15 Minuten

15 Minuten

5 Minuten

4 Aufwärmen
Die Spieler wärmen wichtige Muskelgruppen durch einfache Übungen auf.

5 Motivation
Das Team motiviert sich in der Kabine bei einer letzten Ansprache. Der Schiedsrichter lässt die Teams 5 Minuten vor Anstoß im Tunnel antreten.

6 Begrüßung
Beide Teams kommen aufs Spielfeld und geben sich die Hand. Dann nehmen die Spieler ihre Positionen ein.

7 Anstoß
Ein Münzwurf entscheidet, welches Team im Mittelkreis anstößt. Der Schiedsrichter pfeift und das Spiel beginnt.

Abseitsregel

Ein Spieler ist **im Abseits**, wenn er im Augenblick des Zuspiels der **gegnerischen Torlinie näher ist als der Ball** und der **vorletzte Abwehrspieler**. Die Regel soll verhindern, dass Angreifer immer nur in Tornähe auf den Ball warten.

Dieser Spieler steht zwar im Abseits, nimmt aber nicht aktiv am Spiel teil und begeht daher keinen Regelverstoß.

AKTIV IM SPIEL

Die Abseitsregel gilt nur, wenn ein Angreifer den Ball in der gegnerischen Hälfte zugespielt bekommt. Außerdem muss der Spieler aktiv ins Spiel eingreifen oder durch seine Position einen Vorteil erlangt haben.

In dieser Spielszene hat der Angreifer den Ball einem Mitspieler (B) im Abseits zugespielt. Das Spiel wird unterbrochen und der Schiedsrichter gibt den Verteidigern einen indirekten Freistoß.

Erhält ein Spieler den Ball nach einem Eckstoß, Einwurf oder Abschlag, so ist er nicht abseits.

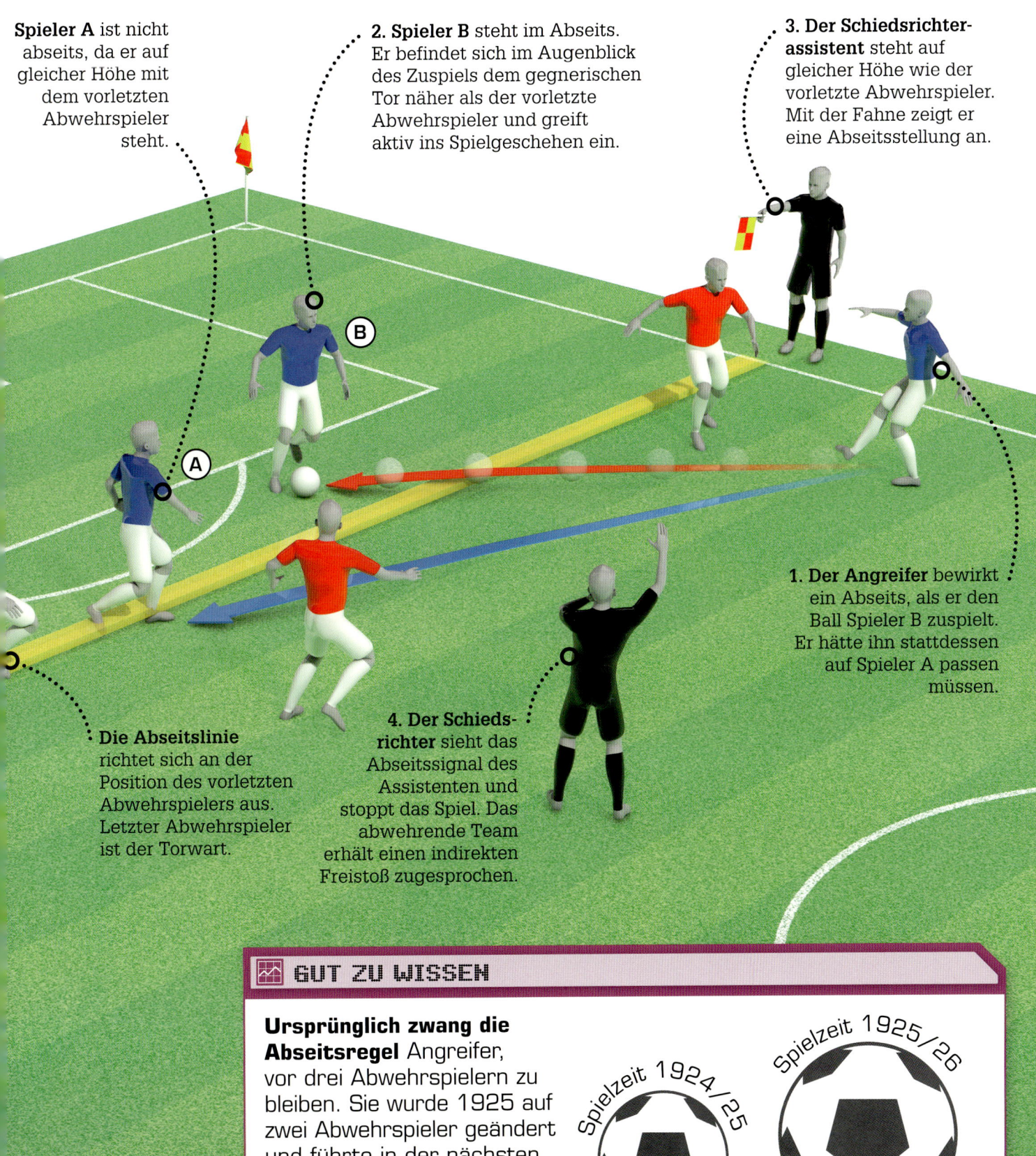

Spieler A ist nicht abseits, da er auf gleicher Höhe mit dem vorletzten Abwehrspieler steht.

2. Spieler B steht im Abseits. Er befindet sich im Augenblick des Zuspiels dem gegnerischen Tor näher als der vorletzte Abwehrspieler und greift aktiv ins Spielgeschehen ein.

3. Der Schiedsrichterassistent steht auf gleicher Höhe wie der vorletzte Abwehrspieler. Mit der Fahne zeigt er eine Abseitsstellung an.

1. Der Angreifer bewirkt ein Abseits, als er den Ball Spieler B zuspielt. Er hätte ihn stattdessen auf Spieler A passen müssen.

Die Abseitslinie richtet sich an der Position des vorletzten Abwehrspielers aus. Letzter Abwehrspieler ist der Torwart.

4. Der Schiedsrichter sieht das Abseitssignal des Assistenten und stoppt das Spiel. Das abwehrende Team erhält einen indirekten Freistoß zugesprochen.

📈 GUT ZU WISSEN

Ursprünglich zwang die Abseitsregel Angreifer, vor drei Abwehrspielern zu bleiben. Sie wurde 1925 auf zwei Abwehrspieler geändert und führte in der nächsten Spielzeit dazu, dass in den englischen Ligen 36 % mehr Tore erzielt wurden.

Spielzeit 1924/25
4700 TORE

Spielzeit 1925/26
6373 TORE

Was ist ein Foul?

Nach den Regeln muss Fußball **fair** und **sicher** gespielt werden. Der **Schiedsrichter** pfeift ein **Foul**, wenn ein Spieler **unfair** spielt, und gibt dem Gegner einen **Freistoß** – oder einen **Strafstoß**, wenn das Foul im eigenen Strafraum begangen wurde.

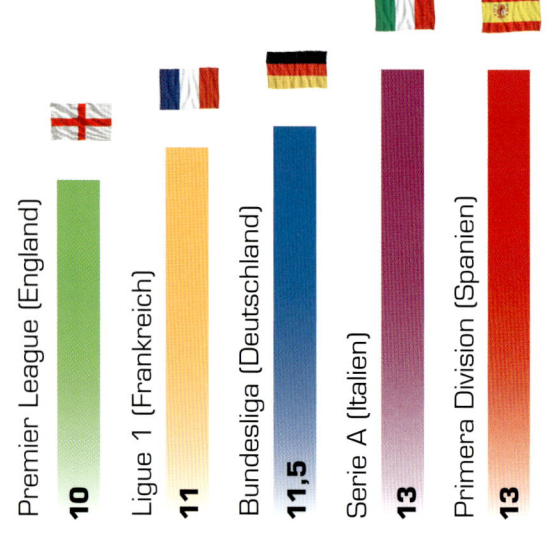

GUT ZU WISSEN

Premier League (England)	Ligue 1 (Frankreich)	Bundesliga (Deutschland)	Serie A (Italien)	Primera Division (Spanien)
10	11	11,5	13	13

In Europas besten fünf Ligen werden pro Spiel zwischen 10 und 13 Fouls begangen – die wenigsten in der englischen Premier League. Vielleicht sind die Schiedsrichter dort nachsichtiger.

HÄUFIGE FOULS

Es gibt viele verschiedene Fouls. Diese hier kommen am häufigsten vor:

Handspiel
Absichtliches Spielen des Balls mit der Hand oder dem Oberarm.

Sperren ohne Ball
Blockieren eines Gegners, ohne zu versuchen, den Ball zu spielen.

Beinstellen
Einem Gegner absichtlich ein Bein stellen.

Halten des Gegners
Einen Gegner am Trikot ziehen, um ihn zu bremsen.

Gefährliches Spiel
Rücksichtsloses Spiel mit „hohem Bein" gefährdet den Gegner.

Der gefoulte Spieler stürzt nach einem rücksichtslosen Tackling.

Der Verteidiger grätscht und trifft den Gegner, bevor er den Ball berührt.

Jedes Tackling, das die Sicherheit des Gegners gefährdet, ist ein schweres Foul. Dazu zählt auch ein Grätschen mit offener Sohle.

Bei der WM 2014 beging Brasilien im Spiel gegen Kolumbien 31 Fouls.

Freistöße

Ein Team bekommt einen **Freistoß**, wenn der Gegner ein **Foul** außerhalb des eigenen Strafraums begeht. Der Freistoß wird von der **Stelle** ausgeführt, wo das Foul begangen wurde – eine **gute Chance** in der Nähe des gegnerischen Tors.

Schießt ein Team einen Freistoß ins eigene Tor, bekommt der Gegner einen Eckstoß.

Effetball

Der Torwart deckt die weiter vom Ball entfernte Ecke ab.

DIREKTER UND INDIREKTER FREISTOSS

Zeichen für einen direkten Freistoß

Zeichen für einen indirekten Freistoß

Es gibt direkte und indirekte Freistöße. Der Schiedsrichter gibt bei einem Foul einen direkten Freistoß, ein indirekter Freistoß folgt auf einen technischen Regelverstoß. Direkte Freistöße dürfen direkt ins Tor geschossen werden, ein indirekter Freistoß muss zuvor erst von einem Mitspieler berührt werden.

Bei diesem direkten Freistoß schießt der Spieler aufs Tor. Er entscheidet, wohin er schießt und ob er den Ball lupft, ihm Effet verleiht oder ihn flach durch die Mauer hindurch zirkelt.

FREISTOSS-VARIANTEN

Effetball
Der Schütze streift beim Schuss den Ball seitlich und verleiht ihm Drall, sodass der Ball um die Abwehrmauer herum fliegen kann.

Bogenlampe
Eine Technik, bei der der Ball über die Mauer hinweg gespielt wird. Wenn alles klappt, senkt sich der Ball am Ende seines Flugs ins Tor.

Durch die Mauer
Der Spieler schießt den Ball tief und scharf durch Lücken in der Mauer, weil Spieler sich vielleicht wegducken oder hochspringen, um den Ball zu klären.

Die Abwehrmauer wird von mehreren Spielern gebildet, die sich in einer Reihe vor dem Tor aufstellen. Sie müssen mindestens 9,15 m vom Ball entfernt stehen.

Bogenlampe

Effetball

Durch die Mauer

Den Freistoß tritt meist ein Spezialist, der den Ball scharf schießen und sehr genau platzieren kann.

Die linke obere Torecke ist für gewöhnlich das Ziel der Spieler, die mit dem rechten Fuß schießen.

Alle Schüsse in den roten Bereich liegen in Reichweite des Torwarts und werden mit großer Wahrscheinlichkeit gehalten, wenn er zur richtigen Seite hechtet.

Die Schussgeschwindigkeit beträgt etwa 112 km/h.

IM ELFMETERSCHIESSEN

Das Finale der WM 1994 war das erste, das durch Elfmeterschießen entschieden wurde. Brasilien gewann, weil Italiens Roberto Baggio den entscheidenden Elfmeter verschoss.

Statistisch gesehen springt ein Torwart zu 70 % in die richtige Torecke.

Im orangefarbenen Bereich kann der Torwart den Ball noch erreichen, z. B. wenn er schwach geschossen ist.

In die oberen Ecken platzierte Strafstöße sind auch von Weltklassetorhütern nicht zu halten. Das Risiko eines Fehlschusses ist aber deutlich höher.

Der Torwart hat zur Abwehr nur 0,7 Sekunden Zeit.

2005 endete ein Elfmeterschießen im Pokalwettbewerb Namibias 17:16.

Die Entscheidung, in welchen Bereich des Tors man einen Strafstoß schießt, hängt von verschiedenen Faktoren ab. Ist man Rechts- oder Linksfüßer? Ist der Torwart Rechts- oder Linkshänder? Welches Risiko möchte man eingehen?

Elfmeterschießen

Der **Strafstoß** ist einer der dramatischsten Momente eines Fußballspiels. Ein **einziger Schuss** vom **Elfmeterpunkt** kann entscheiden, ob ein Team das Spiel gewinnt oder verliert.

Eckstöße

Ein Team bekommt einen **Eckstoß**, wenn der Ball **die Torauslinie überquert** hat und vorher zuletzt von der verteidigenden Mannschaft berührt wurde. Beim Eckstoß kann der Ball in eine **gute Angriffsposition** gespielt werden.

Bei der Ausführung einer Ecke kann der Ball überallhin aufs Feld geschossen werden. Meist entscheidet sich der Schütze aber für den langen oder kurzen Pfosten, den Elfmeterpunkt oder den nächsten Mitspieler, um die beste Torchance zu ermöglichen.

Den Eckstoß schießt ein Spezialist für ruhende Bälle, der den Ball sehr genau platzieren kann.

Auf den langen Pfosten

Auf den kurzen Pfosten

Zum Elfmeterpunkt

Der Ball muss auf dem Viertelkreis an der Eckfahne abgelegt werden.

GUT ZU WISSEN

Von den 13 000 Eck-stößen, die es in der englischen Premier League in zwei Spiel-zeiten (2011–2013) gab, führten 2150 zu Schussversuchen, von denen nur 370 im Tor landeten – also nur rund 3%.

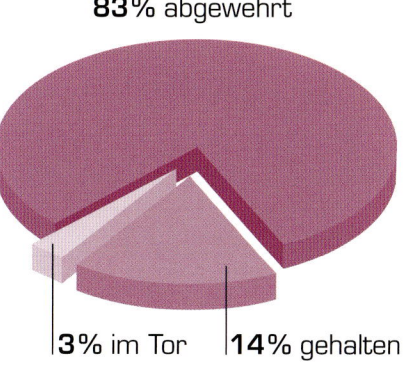

83% abgewehrt

3% im Tor | 14% gehalten

ECKSTOSS-ARTEN

Ecke auf den langen Pfosten
Der Ball wird zu Mitspielern gespielt, die im Bereich des Torpfostens postiert sind, der weiter vom Aus-führenden entfernt ist.

Ecke auf den kurzen Pfosten
Der Ball wird zu einem Mitspieler am näheren Torpfosten gespielt. Der leitet ihn mit dem Kopf zu einem einschussbereiten Mitspieler weiter.

Ecke zum Elfmeterpunkt
Der Ball wird zu Mitspielern im Elfmeterbereich gespielt. Der Tor-hüter muss sich entscheiden, ob er aus dem Tor kommt oder nicht.

Kurze Ecke
Der Ball wird dem nächsten Mit-spieler zugepasst, der ihn aus einem besseren Winkel in den Elfmeter-bereich flanken kann.

Spieler, die den Eckball aufs Tor schießen wollen, versuchen sich im Torraum von ihren Gegenspielern abzusetzen.

Jeder 29. Eckstoß bei der WM 2018 führte zu einem Torerfolg.

Kurze Ecke

Gelbe und rote Karte

Begeht ein Spieler ein **schwereres Foul**, zeigt ihm der Schiedsrichter eine Karte. Die **gelbe Karte** gilt als letzte Warnung – bei der **roten Karte** muss der Spieler den Platz verlassen.

Der Schiedsrichter hat einem Übeltäter die rote Karte gezeigt und schickt ihn sofort vom Spielfeld. Er muss sich in die Kabine begeben.

Der Schiedsrichter Ken Aston erfand nach der WM 1966 das Kartensystem.

Die rote und die gelbe Karte stecken oft in verschiedenen Taschen, damit der Schiedsrichter im Eifer des Gefechts nicht die falsche zieht.

NOTIZBUCH DES SCHIEDSRICHTERS

Der Schiedsrichter hält in seinem Notizbuch wichtige Fakten und Vorfälle eines Spiels fest: Zeitpunkt der Tore, Auswechslungsdetails und die Namen von Spielern, die eine gelbe oder rote Karte bekommen haben.

Der vom Platz gestellte Spieler darf nicht ersetzt werden. Das Team muss mit einem Spieler weniger auskommen.

GUT ZU WISSEN

Ein Spieler bekommt die gelbe Karte für die rechts aufgeführten Verstöße. Die rote Karte wird für schwere Vergehen wie die unten genannten verhängt.

Gelbe Karte

- Grobes Tackling
- Reklamieren beim Schiedsrichter
- Halten des Gegners
- Behindern des Torwarts
- Spielverzögerung
- Nicht-Einhaltung vorgeschriebener Abstände
- Absichtliches Handspiel
- Unsportliches Verhalten

Rote Karte

- Grobes Foulspiel
- Tätlichkeit
- Anstößige Äußerungen
- Anspucken eines Gegenspielers
- Vereiteln einer offensichtlichen Torchance des Gegners durch absichtliches Foulspiel
- Zweite gelbe Karte (Gelb-Rote Karte)

Torlinien-technik

Die Torlinientechnik ist ein 2012 eingeführtes **computergestütztes System**, das dem Schiedsrichter in umstrittenen Situationen hilft zu erkennen, ob der Ball **die Torlinie überquert** hat.

SO FUNKTIONIERT DIE TECHNIK:

1 Sieben um jedes Tor angebrachte Hochgeschwindigkeitskameras verfolgen die Bewegung des Balls im Torraum.

2 Die Kameras senden die Daten an einen Computer, der analysiert, ob der Ball die Torlinie überquert hat.

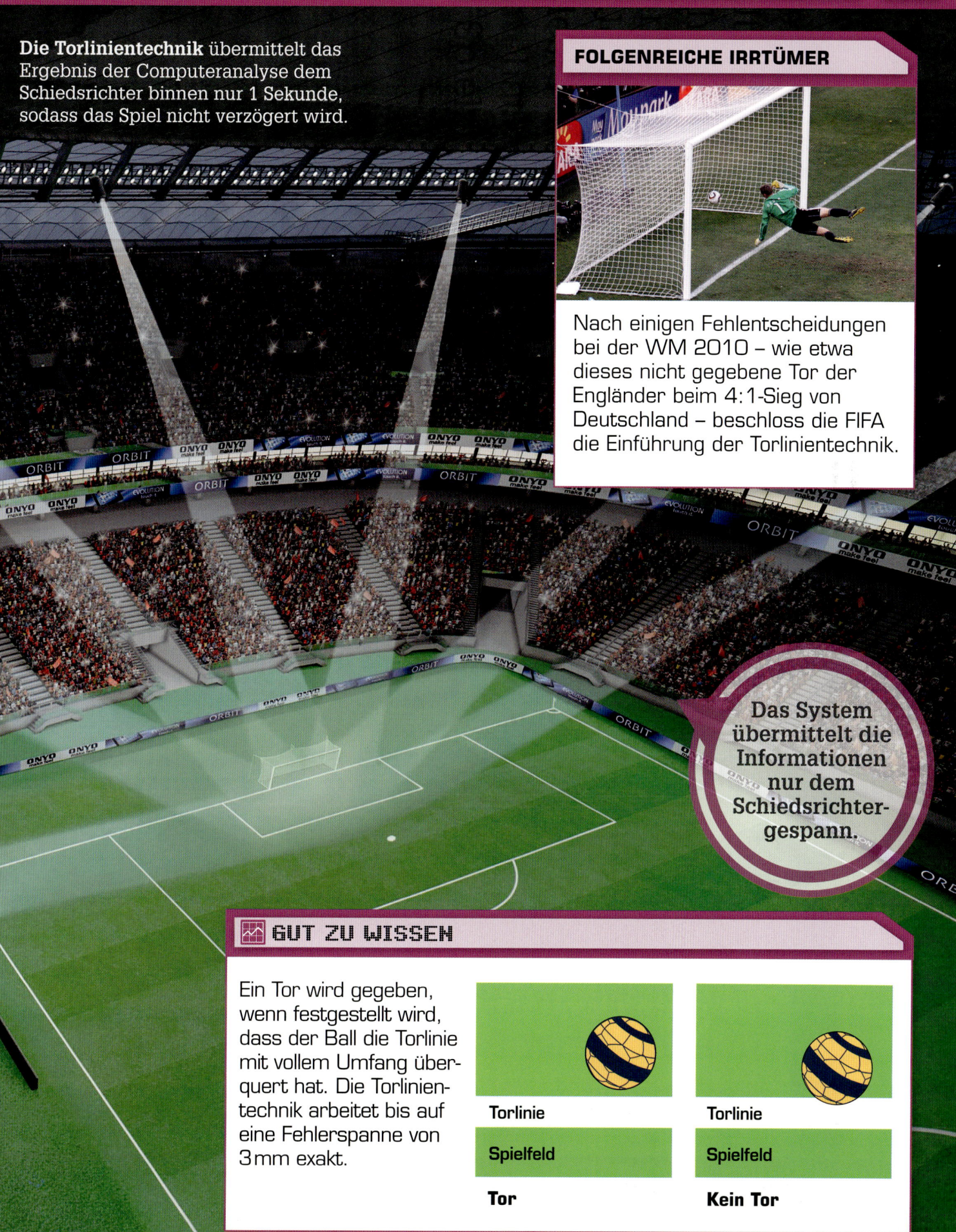

Die Torlinientechnik übermittelt das Ergebnis der Computeranalyse dem Schiedsrichter binnen nur 1 Sekunde, sodass das Spiel nicht verzögert wird.

FOLGENREICHE IRRTÜMER

Nach einigen Fehlentscheidungen bei der WM 2010 – wie etwa dieses nicht gegebene Tor der Engländer beim 4:1-Sieg von Deutschland – beschloss die FIFA die Einführung der Torlinientechnik.

Das System übermittelt die Informationen nur dem Schiedsrichtergespann.

GUT ZU WISSEN

Ein Tor wird gegeben, wenn festgestellt wird, dass der Ball die Torlinie mit vollem Umfang überquert hat. Die Torlinientechnik arbeitet bis auf eine Fehlerspanne von 3 mm exakt.

Torlinie

Spielfeld

Tor

Torlinie

Spielfeld

Kein Tor

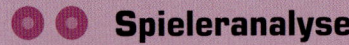
Tracking-System

Das Gerät ist etwa 10 cm lang und liefert jede Sekunde um die 1000 Daten.

Spieler-Tracking

Viele Spieler tragen unter dem Trikot ein **Tracking-Gerät**. Dessen Sensoren liefern **wichtige Daten** über ihr **Leistungs-vermögen**.

Spieleranalyse

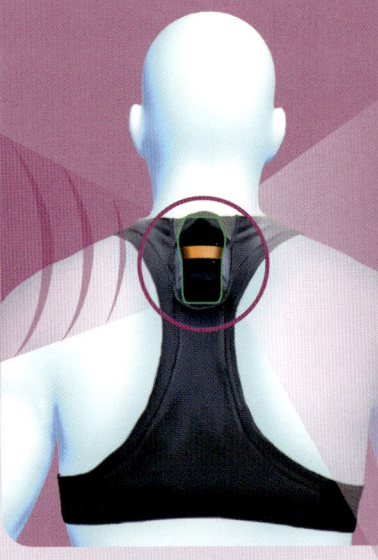

Das Tracking-Gerät sitzt zwischen den Schultern eines Spielers. Es sammelt riesige Daten-mengen, die während des Spiels und danach analysiert werden können.

PRÄZISES PASS-SCHEMA

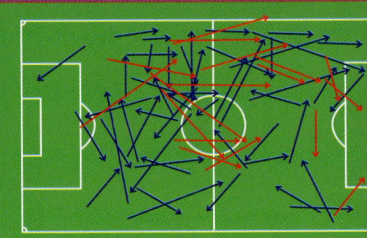

Kameras zeichnen jeden Pass eines Spielers auf. Blaue Pfeile stehen für angekommene Pässe, rote Pfeile für Fehlpässe.

Datenvielfalt

Puls

Ein Programm analysiert den Puls des Spielers. Anhand dieser Daten lässt sich sagen, wann der Spieler ermüdet.

Zahl der Sprints

Die Zahl der Sprints eines Spielers wird aufgezeichnet. Wird sie kleiner, signalisiert das Müdigkeit oder eine Verletzung.

Meter pro Minute

Das Protokoll der Strecke, die ein Spieler pro Minute zurücklegt, verrät seine Fitness oder Ausdauer.

Gesamtstrecke

Das Gerät hält auch die Gesamtstrecke fest, die ein Spieler im Spiel zurückgelegt hat.

Sprints

Das Gerät hält die Gesamtstrecke fest, die ein Spieler im Spiel gesprintet ist. Je höher die Zahl, desto fitter der Spieler.

Schneller Antritt

Gemessen wird auch, wie oft und wie schnell ein Spieler beschleunigt und welche Strecke er dabei insgesamt zurücklegt.

Dynamische Stressbelastung

Aus allen Bewegungen des Spielers errechnet das Gerät, wie hart er während des Spiels gearbeitet hat.

Verlangsamung

Die Gesamtzahl der Situationen, in denen ein Spieler abbremst, wird ebenso festgehalten wie die dabei zurückgelegte Strecke auf dem Feld.

Nach-spielzeit

Gerardo Bedoya

hat mehr rote Karten bekommen als jeder andere Spieler im Profifußball. Der Mittelfeldspieler, der 49 Mal für Kolumbien spielte, erhielt zwischen 1995 und 2015 46 rote Karten.

BEDOYA

46

Die meisten roten Karten bei WM-Spielen:

Brasilien – 11
□□□□□□□□□□□

Argentinien – 10
□□□□□□□□□□

Uruguay – 9
□□□□□□□□□

Kamerun – 8
□□□□□□□□

Italien – 8
□□□□□□□□

Die erste **rote Karte** in einem WM-Spiel wurde im Jahr **1974** gezückt.

Den Rekord für den schnellsten Platzverweis hält Bolognas **Giuseppe Lorenzo**. 1990 erhielt er in einem Spiel der italienischen Serie A gegen Parma nach nur 10 Sekunden wegen Tretens eines Gegners die rote Karte.

00:10

Trikotverkäufe

Bayern München verkauft pro Jahr mehr Fantrikots als jeder andere Verein im Weltfußball.

1 Bayern München
3 250 000

2 Real Madrid
3 050 000

3 Liverpool
2 450 000

4 Manchester United
1 950 000

5 Juventus
1 420 000

Der Kolumbianer Marcos Coll erzielte als einziger Spieler in einem WM-Spiel **direkt aus einer Ecke** ein Tor. Das Wundertor gegen die Sowjetunion gelang ihm bei der **Weltmeisterschaft 1962** in Chile.

Die meisten **Elfmeter** in der Geschichte der Bundesliga hat Manfred Kaltz vom Hamburger SV verwandelt. Insgesamt schoss er 60 Mal vom Elfmeterpunkt, **53 Mal** konnte der Abwehrspieler den Ball im Netz versenken.

Trikot-Sponsoring

Trikot-Sponsoring ist eine der Haupteinnahmequellen für Vereine, aber die dadurch erzielten Gelder sind von Liga zu Liga unterschiedlich.

An feuchten, regnerischen Tagen konnten alte Lederfußbälle oft ihr Gewicht **verdoppeln**. Am Ende eines Spiels wog der Ball bis zu **1 kg**.

389 Mio. Euro

196 Mio. Euro

92 Mio. Euro

87 Mio. Euro

78 Mio. Euro

| Premier League **England** | Bundesliga **Deutschland** | Primera Division **Spanien** | Serie A **Italien** | Ligue 1 **Frankreich** |

Technische Fertigkeiten

Fußball ist ein schnelles Spiel, bei dem die Spieler verschiedene Techniken beherrschen müssen, um den Ball zu kontrollieren. Dazu zählen Passen, Schießen, Grätschen, Köpfen und Dribbeln. Um all diese Fertigkeiten im Spiel automatisch anzuwenden, üben die Spieler sie regelmäßig im Training.

Ballannahme

Ein Spieler, dem der Ball zugespielt wird, muss ihn sofort sicher **annehmen** können und unter Kontrolle bringen. Je rascher ihm dies gelingt, desto mehr **Zeit und Raum** hat er für den nächsten Spielzug.

1. Mit der Brust annehmen
Lehne den Oberkörper zurück und federe den Ball mit der Brust ab, um ihm die Wucht zu nehmen.

2. Gleichgewicht
Halte mit den Armen das Gleichgewicht. Gleichzeitig schirmst du so auch den Ball vom Gegner ab.

3. Ballposition
Fällt der Ball vor dir auf den Boden, passt du ihn weiter oder dribbelst mit ihm los.

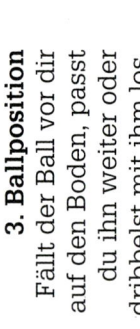

Der erste Kontakt mit dem Ball entscheidet, wie rasch ein Spieler ihn unter Kontrolle bringt. Die besten Spieler passen ihn oft sogar nur mit einer einzigen Berührung weiter.

Profispieler haben durchschnittlich zwei Kontakte pro Ballbesitz.

TECHNIKTRAINING

Hast du nicht viel Platz, nimmst du den Ball in Schienbeinhöhe mit dem Spann an. Dann kannst du ihn passen oder ein Dribbling starten.

Beobachte die Flugbahn des Balls sorgfältig.

Der Fuß nimmt den Ball entspannt an.

Passen

Passen ist die **effizienteste Art**, den Ball Richtung Tor des Gegners zu spielen. Geschickten Spielern gelingen genaue Pässe flach über den **Rasen**, hoch durch die **Luft** und über **verschiedenste Entfernungen**.

Der Kurzpass ist der präziseste Pass. Dabei wird der Ball einem Mitspieler in der Nähe zugespielt.

Der passende Spieler schießt den Ball mit der Fußinnenseite für einen Kurzpass, mit dem Vollspann für einen langen Pass und mit dem Außenspann für einen weiten Pass mit gekrümmter Flugbahn.

TECHNIKTRAINING

Der Kurzpass ist ein kontrollierter Pass mit der Fußinnenseite. Bei dieser Art des Passens wird der Ball einem Mitspieler flach und mit nicht zu hoher Geschwindigkeit zugespielt.

1. Dein Standbein zeigt in die Richtung, in die du den Ball passen willst. Triff den Ball mit der Innenseite!

Das Fußgelenk bleibt beim Treffen des Balls fest.

2. Schätze ab, wie weit du mit dem Spielbein ausholen musst, damit der Ball genug Tempo bekommt, um den Mitspieler zu erreichen.

Das Spielbein wird durchgeschwungen.

Der Spieler, der den Pass spielt, muss Geschwindigkeit und Richtung des Balls kontrollieren können, damit dieser den Mitspieler erreicht und nicht von einem Gegenspieler abgefangen wird.

Der lange Ball wird über eine große Entfernung Richtung gegnerisches Tor geschossen in der Hoffnung, dass der Ball einen Mitspieler erreicht und dieser einen Angriff starten kann.

Der weite Diagonalpass wird meist aus der eigenen Spielfeldhälfte schräg nach vorn zu einem Mitspieler nahe der Seitenlinie geschlagen.

Als „langen Ball" bezeichnet man einen Pass, der weiter als 30 m ist.

TIKITAKA

Tikitaka ist eine Spielweise, bei der ein Team mit hohem Tempo über kurze Entfernungen hin und her passt, ohne dass der Gegner in Ballbesitz gelangt. Sie wurde 2006 von dem spanischen Verein FC Barcelona eingeführt. Mit diesem Kurzpassspiel gewann der Verein 2009, 2011 und 2015 die Champions League.

Dribbling

Die Technik, mit dem Ball am Fuß in engen Räumen am Gegner vorbeizulaufen, heißt **Dribbling**. Gute Dribbler haben **flinke Füße**, halten problemlos das **Gleichgewicht** und erarbeiten viele Torchancen.

Die besten Dribbler halten den Ball eng am Fuß. Sie treiben die Kugel mit der Innen- und Außenseite des Fußes vorwärts, während sie sich am Gegner vorbeimogeln.

Ein Spieler dribbelt in jedem Match durchschnittlich insgesamt mehr als 190 m.

DRIBBELGENIE

Im Viertelfinalspiel der WM 1986 gegen England dribbelte Argentiniens Stürmerstar Diego Maradona an fünf englischen Spielern vorbei und erzielte eines der eindrucksvollsten Tore in der WM-Geschichte.

1. Blick nach vorn
Beurteile die Situation vor dir, wenn du mit dem Ball vorwärtsläufst.

2. Antäuschen
Senke die Schulter, als würdest du in diese Richtung laufen, spiele den Ball aber in die entgegengesetzte.

TECHNIKTRAINING

Der Übersteiger ist ein Trick, um den Gegner glauben zu lassen, du würdest passen, während du tatsächlich an ihm vorbeidribbelst.

Senke deine Schulter.

1. Führe den Fuß zum Ball, als würdest du ihn mit dem Außenspann passen wollen.

Verlagere das Gewicht auf das Standbein.

Schaue geradeaus.

Umkreise mit dem Fuß den Ball.

2. Statt zu passen, umkreist du mit dem Fuß den Ball und dribbelst in die andere Richtung.

3. Am Gegner vorbei
Spiele den Ball mit dem Außenspann vom Gegner weg. Halte ihn dabei eng am Fuß.

Damit der Ball in der Luft eine Kurve beschreibt, musst du ihn so treffen, wie es die Abbildungen unten zeigen.

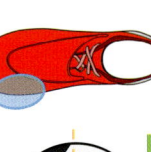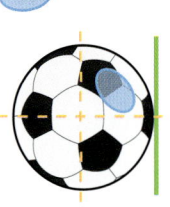

Effetball nach links
Als Rechtsfüßer muss man die rechte Ballseite mit dem Innenspann streifen.

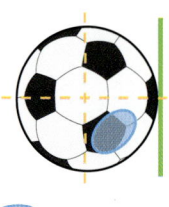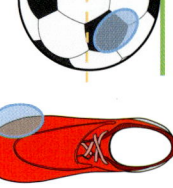

Effetball nach rechts
Als Rechtsfüßer muss man die linke Ballseite mit dem Außenspann streifen.

Schießen

Willst du der **Torjäger** deiner Mannschaft sein, benötigst du eine **präzise Schusstechnik**. Es gibt viele Schussarten, doch die spektakulärste ist der **Vollspannstoß**. Damit kann man **hart** und **schnell** schießen, und die Chance, den Torwart zu überwinden, ist groß.

1. Auf den Ball schauen
Fixiere den Bereich des Balls, den du treffen willst.

2. Körperhaltung
Bleibe mit dem Oberkörper beim Schießen über dem Ball, wenn du ihn flach halten willst.

Beim Vollspannschuss versuchst du am Torwart vorbeizuschießen. Am schwersten zu erreichen sind für den Torwart die vier Torecken.

Weniger als 3 von 20 Schüssen aufs Tor sind ein Treffer.

5. Treffpunkt
Triff die untere rechte Ballseite und ziehe das Schussbein durch.

3. Standbein
Stelle das Standbein neben den Ball, wobei die Fußspitze in die gewünschte Schussrichtung zeigt.

4. Schussbein
Schwinge das Schussbein durch und triff den Ball mit dem Innenspann für einen Effetball nach links.

TORMASCHINE

Brasiliens Legende Pelé zählt zu den besten Torschützen aller Zeiten. In seiner glanzvollen Karriere (1955–1977) erzielte er in 1363 Spielen fantastische 1281 Tore.

Volley

Beim Volleyschuss wird der Ball **in der Luft** getroffen. Es ist der Höhepunkt jedes Fußballspiels, wenn ein Spieler den Ball mit einem Volley im **Netz versenkt**.

3. Treffpunkt
Triff den Ball wuchtig mit dem Spann.

4. Beinhaltung
Das Schussbein schwingt parallel zum Boden.

WEITESTER VOLLEY

Bei einem Bundesligaspiel 2014 schoss Moritz Stoppelkamp vom SC Paderborn den Ball mit einem Volley über 82 m ins leere Tor – das weiteste Volleytor aller Zeiten!

1. Den Ball im Blick
Kontrollierte Volley-schüsse gelingen nur, wenn du den Ball im Blick hast. Die Arme halten das Gleichgewicht.

Bei einem **Scherenschlag** wird der Ball volley in Hüfthöhe getroffen. Beobachte den Flug des Balls, um im richtigen Moment abzuspringen. Nun liegst du schräg in der Luft, deine Beinbewegung gleicht dem Öffnen einer Schere. Dann trifft dein Schussbein den Ball mit voller Wucht.

TECHNIKTRAINING

Der Fallrückzieher ist ein Überkopf-volley, bei dem du den Ball mit dem Rücken zum Tor triffst.

Sprung

1. Hebe das Standbein hoch und springe mit dem Spielbein vom Boden ab.

Schwung

2. In der Luft schwingst du das Spielbein am Standbein vorbei in Richtung Ball.

Schuss

3. Schieße den Ball mit dem Spann über deinen Kopf hinweg und federe den Aufprall bei der Landung mit der Hand ab.

2. Hüftbewegung
Eine schnelle Hüft-drehung verschafft dir den erforderlichen Schwung.

Wird der Ball im Aufspringen getroffen, spricht man von einem Halbvolley.

Kopfball

Der Kopfball ist eine wichtige Technik für **Angreifer** und **Verteidiger**. Geschickte Kopfball-spieler **erzielen mehr Tore**, verteidigen besser und kommen öfter in **Ballbesitz**.

Riesensprung
Springe im richtigen Moment hoch, um vor den Gegnern den Ball zu treffen.

KOPFBALLKÖNIG

Bei der WM 2002 erzielte der deutsche Stürmer Miroslav Klose insgesamt 5 Tore – alle per Kopfball.

Guter Kontakt
Kopfbälle mit der Stirn sind am genauesten und stärksten.

Hoch hinauf
Unterstütze den Sprung mit deinen Armen, damit du so hoch wie möglich kommst.

TECHNIKTRAINING

Bei der Kopfballabwehr wird der Ball so weit wie möglich vom angreifenden Spieler weggeköpft.

Köpfe mit der Stirn.

Springe hoch, um den Ball zu treffen.

Für einen kräftigen Kopfball springt der Spieler hoch und schnellt mit dem Kopf nach vorn, um den Ball möglichst mit der Stirn zu treffen.

Manche Spieler springen bis zu 2,5 m hoch, um den Ball zu köpfen.

GUT ZU WISSEN

Diese Tabelle zeigt die Häufigkeit verschiedener Techniken, mit denen ein Verteidiger im Spiel dem Gegner den Ball wegzunehmen versucht.

Tackling	⚽⚽⚽ 3
Kopfabwehr	⚽ 1
Pressing	⚽ 1
Blockieren eines Schusses oder Passes	⚽⚽⚽⚽⚽⚽⚽⚽⚽⚽⚽⚽ ⚽⚽⚽⚽⚽⚽⚽ 19
Klären von langen Bällen	⚽ 1

Das Gleittackling wird nur in höchster Not eingesetzt, da der Verteidiger danach auf dem Boden liegt. Geht das Tackling schief, kann der Angreifer von ihm nicht mehr gestoppt werden. Bei einem ungenauen Tackling besteht auch die Gefahr, dass der Angreifer gefoult oder gar verletzt wird.

1. Beinhaltung
Grätsche mit dem Spielbein zum Ball und spitzle ihn vom Angreifer weg. Auf dem anderen Bein gleitest du.

TECHNIKTRAINING

Das Grundtackling ist die häufigste Art des Tacklings. Dabei läufst du direkt auf den Angreifer zu und blockierst den Ball, sobald der Angreifer schießen oder passen will.

1. Stelle dich vor den Gegner, um ihm den Weg zu verbauen.

2. Blockiere den Ball mit der Fußinnenseite und steifem Fußgelenk.

Tackling

Mit einem **Tackling** wird der Gegenspieler **vom Ball getrennt**. Der Verteidiger muss dabei den Ball auf **faire Weise** klären, ohne den Gegner zu foulen oder zu verletzen.

Die weltbesten Verteidiger machen etwa 5 Tacklings pro Spiel.

3. Perfektes Timing
Behalte den Ball im Auge, damit du ihn wegstochern kannst, ohne den Gegner zu treffen.

2. Abstützen
Mit den Armen stützt du dich am Boden ab.

Nach-spielzeit

Der belgische Torwart **Kristof Van Hout** ist mit **2,08m** der größte Profifußballer aller Zeiten – der brasilianische Mittelfeldspieler **Elton Gomes** mit **1,54 m** der kleinste.

In den fünf europäischen Topligen beträgt die **Genauigkeit beim Passen** im Schnitt **76,1 %**. Hier die verschiedenen Prozentsätze für jede dieser Ligen:

ITALIEN
Serie A
78,1 %

DEUTSCHLAND
Bundesliga
77,7 %

FRANKREICH
Ligue 1
76 %

SPANIEN
Primera Division
74,7 %

ENGLAND
Premier League
74,1 %

Der **weiteste Schuss** ins Tor gelang dem Torwart **Thomas King** für den britischen Verein Newport County in 2021. Offiziell betrug Kings Schuss **96,01 m**.

In der Weltspitze werden 62 % aller Tore aus dem Spiel heraus erzielt. **Freistöße** und **Eckstöße** haben einen Anteil von 30 %, **Elfmeter** von 8 %.

Aus dem Spiel heraus 62

Elfmeter 8

Freistöße und Eckstöße 30

Ein Tor in jeder Minute!

Die Stürmerstars **Cristiano Ronaldo**, **Luis Suarez** und **Zlatan Ibrahimović** erzielten in jeder der 90 Minuten Spielzeit schon einmal mindestens ein Tor.

Der Weltrekord für das **weiteste Kopfballtor** liegt bei 58 m, erzielt im Jahr 2011 durch **Joan Samuelsen** von Odds BK gegen Tromsø in der norwegischen **Tippeligaen**.

Die 15-minütige Halbzeitpause wird **am besten** genutzt, wenn man sich in den ersten **7,5 Minuten** ausruht und dann die **Muskeln** locker aufwärmt.

Bayern Münchens Alphonso Davies

ist der schnellste Spieler der Welt. Er sprintete bereits mit **36,51 km/h**, weshalb seine Teamkollegen ihm den Spitznamen „Roadrunner" gaben.

Die meisten von einem **einzelnen Spieler** erzielten Tore während einer WM schoss der Franzose **Just Fontaine**. 1958 schlug er **13 Mal** zu.

Fußball als Teamwork

Fußball ist eine Teamsport-art mit elf Spielern, die nur im Zusammenspiel ihre Gegner besiegen können. Der Trainer unterstützt sie dabei, indem er sie effektiv trainieren lässt, ein Team formt, das die Stärken der Spieler zum Tragen bringt, und dafür sorgt, dass die elf Spieler ihre taktische Rolle kennen.

Der **Torwart**

Als letzter Abwehrspieler muss der Torwart schnelle Reflexe haben sowie **gut springen**, **fangen** und **schießen** können. Nur er darf den Ball im eigenen **Strafraum** mit der **Hand** berühren, aber nirgendwo sonst auf dem Platz.

SUPER-TORWART

Der Spanier Iker Casillas ist einer der erfolgreichsten Torhüter aller Zeiten. Mit Real Madrid gewann er zwischen 1999 und 2015 fünf Liga-Titel, vier Mal den spanischen Pokal, drei Champions-League-Titel, zweimal die Copa del Rey und den UEFA Super Cup.

Beobachte das Spiel genau, versuche Gefahren vorauszuahnen und sei bereit, jeden Schuss aufs Tor zu halten.

Stehe im Gleich-gewicht. Wenn du hechtest, drückst du dich mit dem Vorder-fuß des ballnahen Beins explosiv ab.

Der Torwart muss stets bereit sein, nach dem Ball zu hechten, da geschickte Angreifer oft in die Ecken des Tors schießen.

Greife mit gestreckter Hand nach dem Ball und drücke ihn aus dem Spiel.

Halte das Handgelenk steif, damit der Ball nicht über die Hand rutscht.

PSG-Torhüterin Christine Engler kassierte in der Saison 2020/21 nur 4 Gegentore.

DIE ABWEHR ORDNEN

Der Torwart hält nicht nur Schüsse aufs Tor, sondern ist auch Chef der Abwehr. Seine Aufgabe ist es, sie so zu organisieren, dass jede Torgefahr abgewendet werden kann. Bei Freistößen richtet der Torwart die Mauer aus und bestimmt die Zahl der Abwehrspieler, die sie bilden.

Außenverteidiger

Die Außenverteidiger operieren auf den beiden Seiten des Platzes und verteidigen an den Seitenlinien. Greift einer mit an, unterstützt der andere die Innenverteidiger.

Offensivverteidiger

Die Offensivverteidiger operieren ebenfalls entlang der Außenlinie, stehen aber höher als normale Außenverteidiger. Sie verteidigen, greifen aber sehr häufig auch mit an.

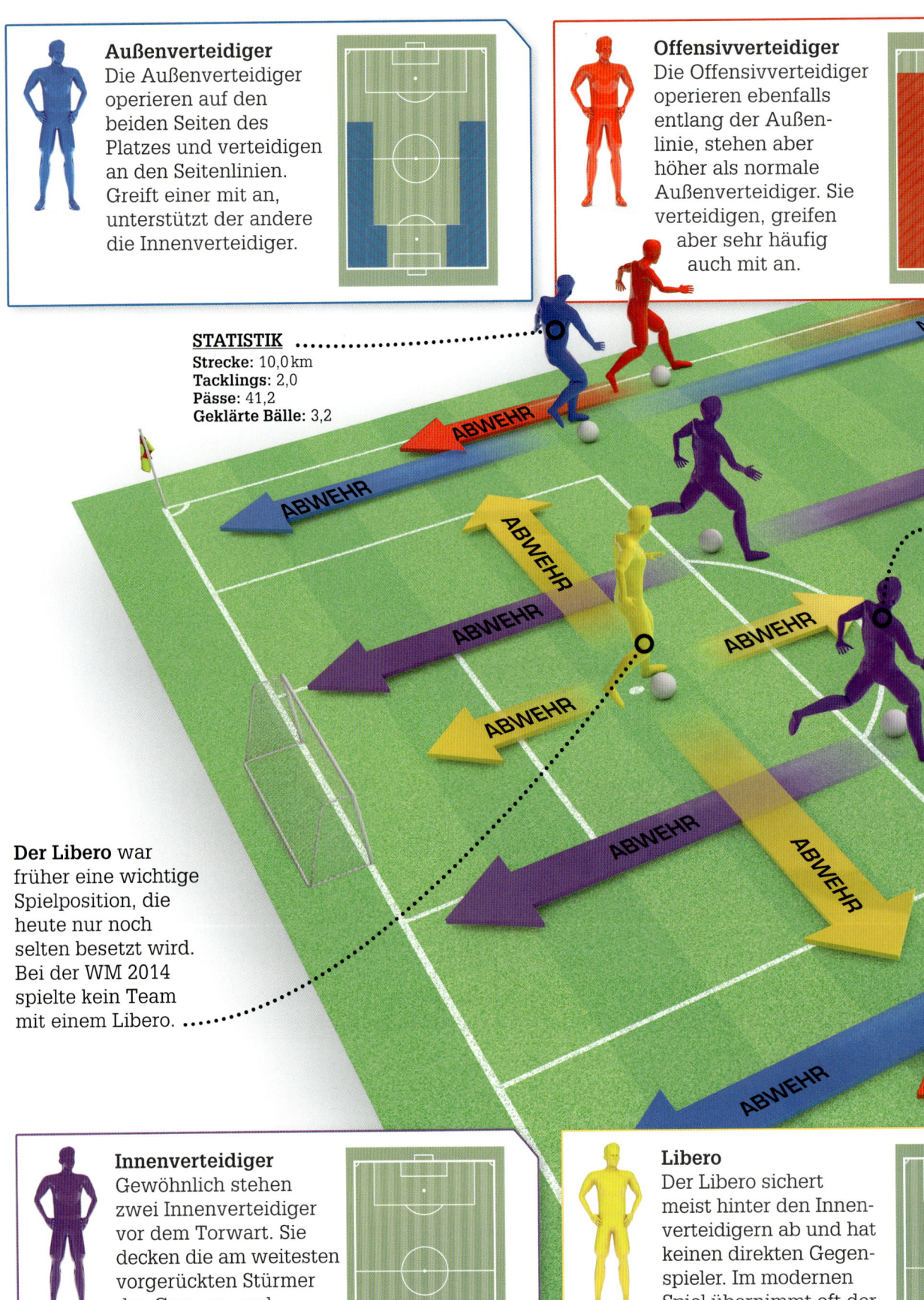

STATISTIK
Strecke: 10,0 km
Tacklings: 2,0
Pässe: 41,2
Geklärte Bälle: 3,2

STATISTIK
Strecke: 9,5 km
Tacklings: 1,7
Pässe: 41,9
Geklärte Bälle: 5,9

Der Libero war früher eine wichtige Spielposition, die heute nur noch selten besetzt wird. Bei der WM 2014 spielte kein Team mit einem Libero.

Innenverteidiger

Gewöhnlich stehen zwei Innenverteidiger vor dem Torwart. Sie decken die am weitesten vorgerückten Stürmer des Gegners und sollen vor allem den Ball aus dem Strafraum befördern.

Libero

Der Libero sichert meist hinter den Innenverteidigern ab und hat keinen direkten Gegenspieler. Im modernen Spiel übernimmt oft der Torwart Teile der Rolle des Liberos.

Der Niederländer Ronald Koeman schoss 193 Tore – Rekord für einen Defensivspieler.

GROSSARTIGER ABWEHRSPIELER

Franz Beckenbauer, der mit Deutschland die WM 1974 gewann, gilt als einer der besten Abwehrspieler der Fußballgeschichte. Er definierte die Rolle des Liberos neu, indem er aus einem Ausputzer einen kreativen Angreifer machte.

ANGRIFF

ANGRIFF

ANGRIFF

ANGRIFF

STATISTIK
Strecke: 10,6 km
Tacklings: 1,5
Pässe: 34,8
Geklärte Bälle: 2,1

Stabile
Abwehr

Ein Abwehrspieler muss den Gegner **daran hindern**, **Tore zu schießen**. Es gibt **vier Arten** von Abwehrspielern: Außenverteidiger, Offensivverteidiger, Innenverteidiger und den Libero.

Die Abwehrspieler müssen zwar als Einheit agieren, aber sie erfüllen unterschiedliche Aufgaben. Außenverteidiger machen die meisten Tacklings, Innenverteidiger klären die meisten Bälle. Offensivverteidiger legen die weitesten Strecken zurück.

Defensiver Mittelfeldspieler
Er soll Angriffe des Gegners stoppen und in der Abwehr aushelfen, wenn einer seiner Abwehrspieler mit angreift. Defensive Mittelfeldspieler stoßen selten in die Hälfte des Gegners vor.

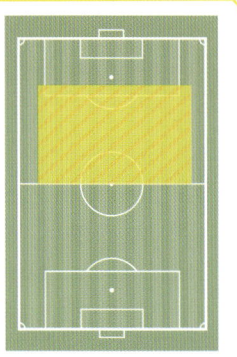

Zentraler Mittelfeldspieler
Er spielt die Pässe in den Angriff und folgt den Stürmern. Zur Abwehr lässt er sich zurückfallen und hilft den Verteidigern, einen Vorstoß des Gegners zu stoppen.

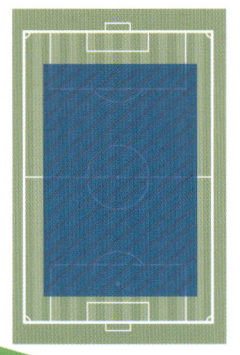

STATISTIK
Strecke: 8,9 km
Tacklings: 5,5
Pässe: 48,6
Dribblings: 0,9

In der Saison 2017/18 spielte Manchester Citys Ilkay Gündogan 174 Pässe in einem Spiel. Weltrekord!

STATISTIK
Strecke: 10,3 km
Tacklings: 2,4
Pässe: 47,3
Dribblings: 1,2

STATISTIK
Strecke: 9,1 km
Tacklings: 2,1
Pässe: 43,0
Dribblings: 1,6

Magisches Mittelfeld

Mittelfeldspieler **zerstören** das Spiel des Gegners und kurbeln den **Angriff** der eigenen Mannschaft an. Es gibt **vier Arten von Mittelfeldspielern**: defensive, zentrale, offensive und Außenmittelfeldspieler.

Außenmittelfeldspieler

Seine Position ist nahe der Seitenlinie. Beim Angriff schlägt er vor allem Pässe in den Strafraum des Gegners. Zur Abwehr eilt er zurück und sorgt für mehr Deckung.

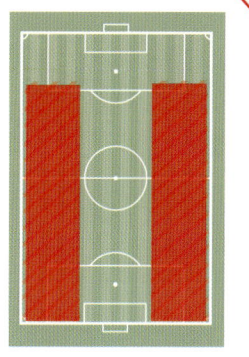

Offensiver Mittelfeldspieler

Er ist der kreative Kopf seiner Mannschaft und verbindet Mittelfeld und Sturm. Er spielt nur eine begrenzte Rolle für die Abwehr und lässt sich selten in die eigene Hälfte zurückfallen.

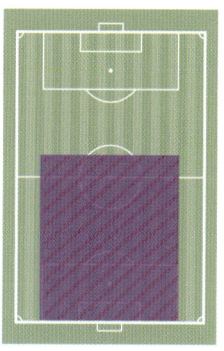

Mittelfeldspieler haben eine wichtige Rolle in der Abwehr wie im Angriff, wobei jeder Spielertyp andere Aufgaben hat. Defensive Mittelfeldspieler machen im Schnitt die meisten Tacklings, zentrale laufen am weitesten. Die Anzahl und Art der Mittelfeldspieler einer Mannschaft hängt vom Spielsystem ab.

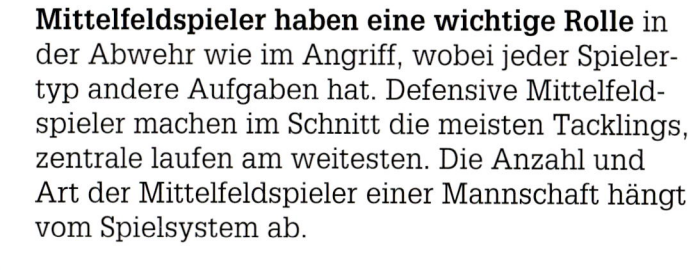

STATISTIK
Strecke: 10,1 km
Tacklings: 1,7
Pässe: 39,5
Dribblings: 1,3

ABWEHR

ANGRIFF

ANGRIFF

ANGRIFF

ANGRIFF

ANGRIFF

MEISTER DES MITTELFELDS

Der Niederländer Johan Cruyff war der beste Mittelfeldspieler seiner Generation. In seiner 20-jährigen Karriere gewann er acht niederländische Meisterschaften, einen spanischen Liga-Titel und führte die Niederlande ins WM-Finale 1974.

Schnelle Stürmer

Stürmer halten sich am häufigsten im gegnerischen Strafraum auf. Ihre **Aufgabe** ist es, **Tore zu erzielen**. Gelingt das, sind sie oft die gefeiertsten Spieler einer Mannschaft.

ABWEHR

ANGRIFF

ABWEHR

Stürmer müssen schnell sein. Manche können pro Sekunde 9,7 m sprinten.

STATISTIK
Strecke: 9,4 km
Tacklings: 0,9
Pässe: 28,5
Schüsse: 1,5

Hängende Spitze/Nr. 10
Dieser Spieler hält sich im „Niemandsland" zwischen der Abwehr und dem Mittelfeld des Gegners auf. Von hier aus inszeniert er Angriffe oder schießt selbst auf das Tor.

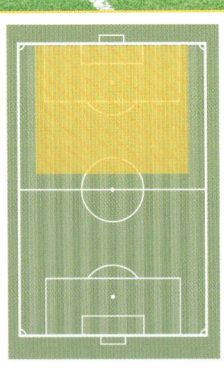

Außen- oder Flügelstürmer
Als Teil der Angriffsformation muss er über die Außenseiten des Spielfelds angreifen und Pässe in den Strafraum schlagen. Seine Aufgaben in der Abwehr sind begrenzt.

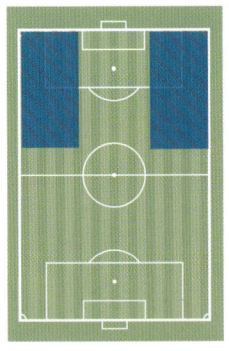

Mittelstürmer

Seine Hauptaufgabe ist es, Tore zu erzielen, und so operiert er meist in der Nähe des gegnerischen Tors. Hier nimmt er die Bälle an, verteilt sie oder dreht sich, um selbst zu schießen oder aufs Tor loszustürmen.

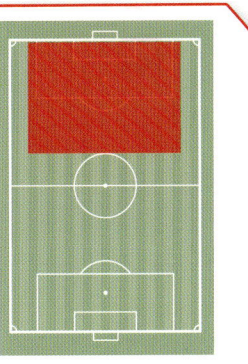

TOLLES STÜRMERDUO

Zwei der bedeutendsten Stürmer der Fußballgeschichte, Alfredo Di Stéfano (links) und Ferenc Puskás, bildeten ein erfolgreiches Duo bei Real Madrid. Sie holten mit dem Klub vier Meistertitel in Folge (1961–1964), wurden zweimal Europapokalsieger der Landesmeister (1959 und 1960) und erzielten unglaubliche 258 Tore in 182 Ligaspielen.

ANGRIFF

ANGRIFF

STATISTIK
Strecke: 8,9 km
Tacklings: 0,4
Pässe: 18,3
Schüsse: 2,1

ANGRIFF

STATISTIK
Strecke: 9,3 km
Tacklings: 1
Pässe: 25,7
Schüsse: 1,7

ABWEHR

Stürmer haben viele unterschiedliche Rollen. Mittelstürmer schießen im Schnitt am häufigsten aufs Tor. 10er und Flügelstürmer bereiten Torchancen für die Sturmspitze vor.

Spiel**systeme**

Die Mannschaften sind nach einem bestimmten **System** auf dem Spielfeld positioniert. Es wird mit einer **Zahlenreihe** bezeichnet, die die Anzahl von Spielern in jedem **Spielfeldbereich** angibt.

Das 4-4-2-System ist die Basis der modernen Spielsysteme. Es gibt viele Varianten davon.

4-4-2

Diese klassische Formation weist zwei Viererketten für Abwehr und Mittelfeld auf sowie zwei Stürmer.

Zwei Mittelfeldspieler auf der Außenbahn schlagen Pässe zu den beiden Stürmern im Angriff. Sie lassen sich auch zurückfallen und helfen in der Abwehr aus.

Die beiden Außenverteidiger spielen eine wichtige Rolle in der Abwehr, gehen aber auch oft mit nach vorn in den Angriff.

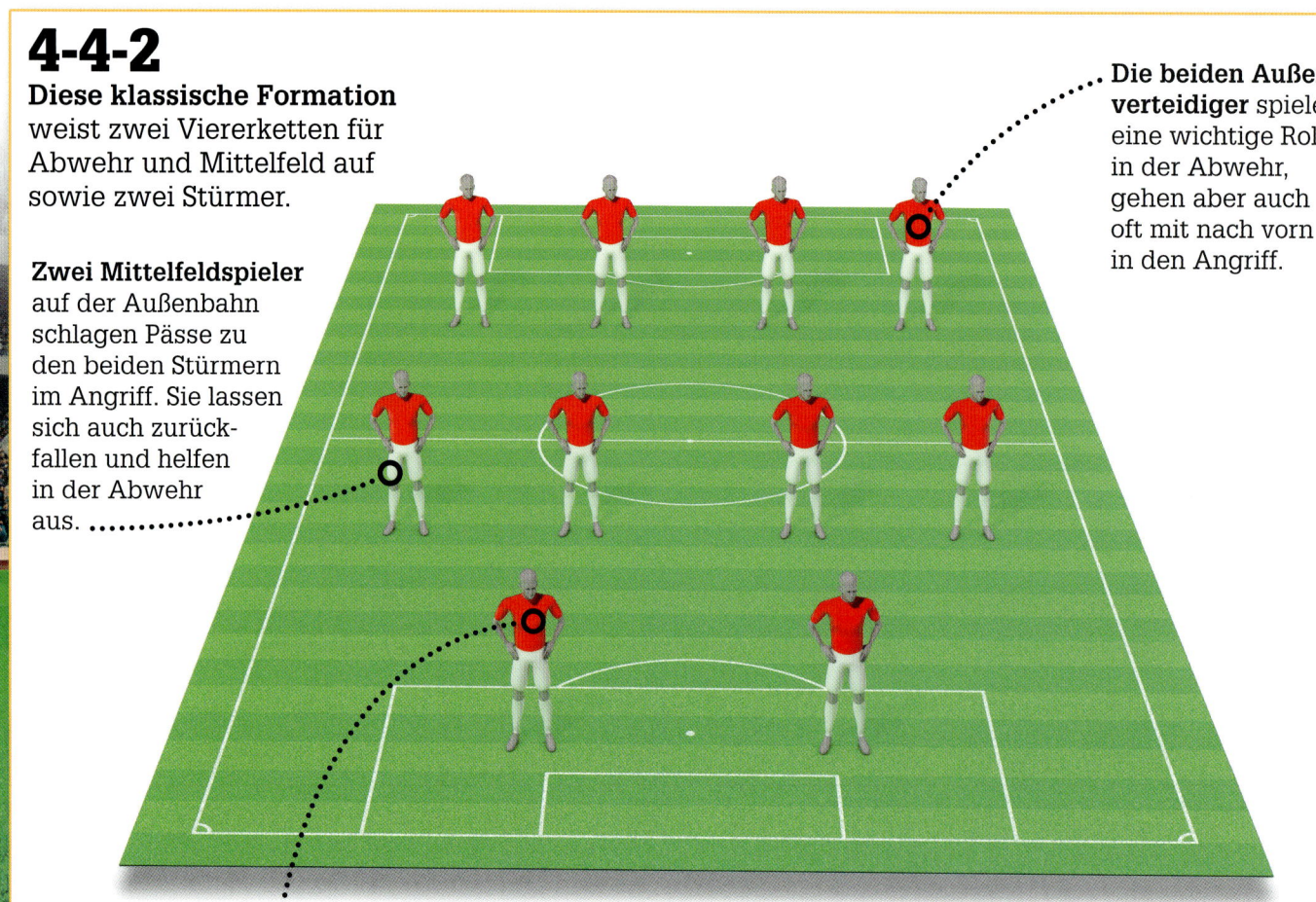

Die beiden Stürmer können auch alleine, ohne Unterstützung durch das Mittelfeld agieren.

✔ Vorteile

- Zwei Viererketten sorgen für Stabilität in der Abwehr.
- Das Stürmerpaar stellt eine ständige Bedrohung dar.
- Die Außenverteidiger ziehen die Abwehr des Gegners auseinander.

✘ Nachteile

- Mit nur zwei zentralen Mittelfeldspielern ist die Mitte oft zahlenmäßig unterlegen.
- Der Gegner kann den Raum zwischen Abwehr und Mittelfeld nutzen.
- Auf den Mittelfeldspielern lastet bei Angriff und Abwehr großer Druck.

4-2-3-1

Dieses System ist derzeit am beliebtesten im europäischen Fußball.

Vier Verteidiger bilden die Abwehrkette. Die Außenverteidiger rücken mit vor und unterstützen den Angriff.

Defensive Mittelfeldspieler sorgen für eine stabile Abwehr.

Die Außenmittelfeldspieler greifen an und verteidigen.

Der einzige Stürmer ist auf die Unterstützung der drei offensiven Mittelfeldspieler angewiesen.

✔ Vorteile

- Der Ball kann schnell durchs Mittelfeld gepasst werden.
- Bei diesem System ist das Mittelfeld nur schwer zu überspielen.
- Drei offensive Mittelfeldspieler sorgen für Angriffsschwung.

✘ Nachteile

- Der Stürmer muss vom offensiven Mitteld unterstützt werden.
- Die offensiven Mittelfeldspieler müssen nach vorn und hinten arbeiten.
- Auch die Flügelspieler müssen in der Abwehr aushelfen.

Andere moderne Spielsysteme

4-1-2-1-2
Dieses 4-4-2 mit „Raute" sorgt für mehr Stabilität im Mittelfeld. Die Außenverteidiger gehen mit nach vorn und ziehen den Angriff in die Breite.

4-3-3
Drei Mittelfeldspieler halten Abwehr und Sturm zusammen. Viele Teams wenden dieses System an, wenn sie einen Rückstand aufholen wollen.

4-3-2-1
Der sogenannte Tannenbaum ist eine stärker angriffsbetonte Variante des 4-3-3, mit zwei offensiven Mittelfeldspielern hinter einer zentralen Sturmspitze.

Weitere Spielsysteme

4-5-1

Teams, die ein System mit einem so kompakten Mittelfeld wählen, wollen meist eine Niederlage vermeiden.

Zwei Außenspieler können bei eigenem Angriff mit vorstoßen, um ein 4-3-3 zu bilden.

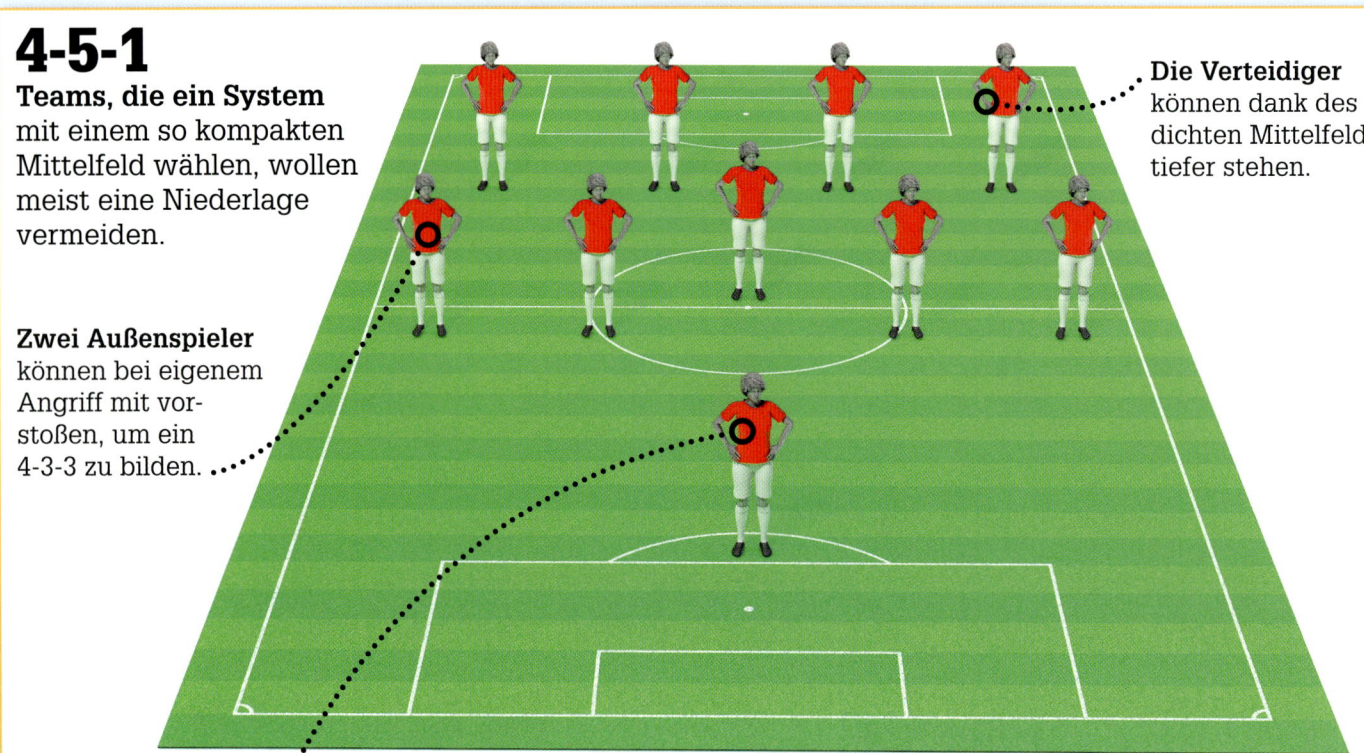

Die Verteidiger können dank des dichten Mittelfelds tiefer stehen.

Der einzige Stürmer muss den Ball im Angriff halten und auf Unterstützung warten.

✔ Vorteile
- Das dicht besetzte Mittelfeld führt meist zu viel Ballbesitz.
- Das flexible System lässt sich beim Angriff gut auf 4-3-3 umschalten.
- Bei dieser Formation gibt es für den Gegner fast kein Durchkommen.

✘ Nachteile
- Der Stürmer ist oft auf sich allein gestellt leicht zu isolieren.
- Bei diesem System sind eigene Konter schwierig.
- Das zentrale Mittelfeld muss den Stürmer bei Angriffen unterstützen.

BRASILIENS FLEXIBLES SYSTEM

Das 4-2-4-System will die Abwehr stärken, ohne den Angriff zu schwächen, und wurde populär, als Brasilien die WM 1958 gewann. In der Praxis operiert es als 4-3-3-System in der Abwehr und als 3-3-4-System im Angriff.

Viele halten das 4-6-0-System ohne Stürmer für das System der Zukunft.

5-3-2/3-5-2

Zwei Offensivverteidiger bieten mehr Möglichkeiten für Abwehr und Angriff. Sie müssen aber sehr fit sein, damit das System funktioniert.

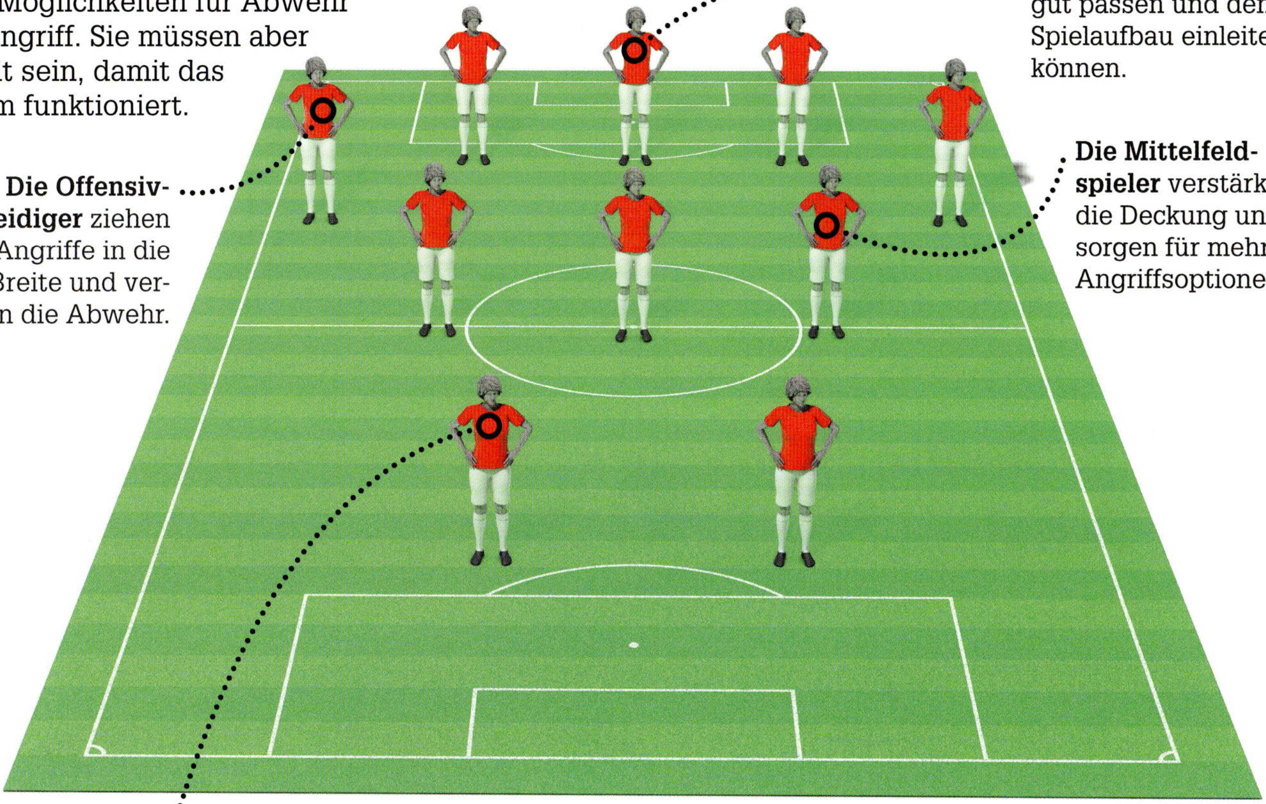

Der mittlere Verteidiger in der Dreierkette muss gut passen und den Spielaufbau einleiten können.

Die Offensivverteidiger ziehen die Angriffe in die Breite und verstärken die Abwehr.

Die Mittelfeldspieler verstärken die Deckung und sorgen für mehr Angriffsoptionen.

Das Sturmduo kann angreifen, auch ohne aus dem Mittelfeld unterstützt zu werden.

✔ Vorteile

- Drei zentrale Verteidiger verringern die Gefahr von Kontern.
- Ein defensiver Mittelfeldspieler unterstützt meist die Abwehr.
- Drei Mittelfeldspieler und zwei Offensivverteidiger bieten viele Angriffsoptionen.

✘ Nachteile

- In der hinteren Dreierkette muss mindestens ein Spieler mit guten Pässen für den Spielaufbau sorgen können.
- Für dieses System benötigen die Spieler ein herausragendes Stellungsspiel.

Historische Formationen

2-3-5
Die sogenannte Schottische Furche war das Standardsystem um 1880. Der Schwerpunkt lag auf dem Angriff.

3-2-2-3
Das WM-System aus den 1920er-Jahren verstärkte die Abwehr, um der erhöhten Angriffsgefahr zu begegnen, die aus einer geänderten Abseitsregel entstand.

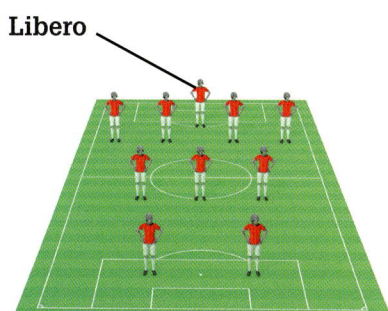

Libero

1-4-3-2
Das „Catenaccio-System" sah einen „Ausputzer" oder Libero zwischen dem Torwart und der Abwehr vor, der die Verteidigung unterstützte.

Standards:
Angriff

Eckstöße und **Freistöße** werden als Standard-situationen bezeichnet. Sie geben den Teams die Gelegenheit, **Spielzüge auszuführen**, die sie im Training eingeübt haben.

Das angreifende Team postiert oft einen Spieler am kurzen Pfosten. Er versucht, den Ball mit dem Kopf weiterzuleiten.

Wohin der Eckstoß geschossen wird, hängt vom geplanten Spielzug ab.

GUT ZU WISSEN

Eckstöße stellen zwar gute Torchancen dar, doch es werden dabei weniger Tore erzielt, als man vermutet.

5

Mittlere Anzahl von Eckstößen für ein Team in einem Spiel.

75

Einer von 75 Eckstößen führt direkt zu einem Tor.

45

Einer von 45 Eckstößen führt indirekt zu einem Tor.

4

Das deutsche Team erzielte bei der WM 2014 4 Tore nach Eckstößen.

Die besten Kopfball-spieler lauern am Rand des Strafraums und laufen bei der Ausführung der Ecke in Richtung Tor.

Mindestens ein Spieler wartet vor dem Strafraum auf Abpraller. Der Eckstoßschütze könnte ihm auch den Ball als Standard-variante zuspielen.

Standard: Freistoß

Ist die Entfernung bei einem Freistoß zu groß für einen direkten Torschuss, versuchen die Angreifer einen Spielzug, den sie im Training eingeübt haben.

Möglichkeit 1: Flanke
Der Spieler, der den Freistoß ausführt, zirkelt den Ball in den Fünf-Meter-Raum. Gleichzeitig laufen seine Mitspieler in der Mauer dorthin, um den Ball zu erreichen.

Möglichkeit 2: Zuspiel
Der Ball wird zu einem Mitspieler gepasst, der zur Torauslinie läuft und den Ball vors Tor spielt.

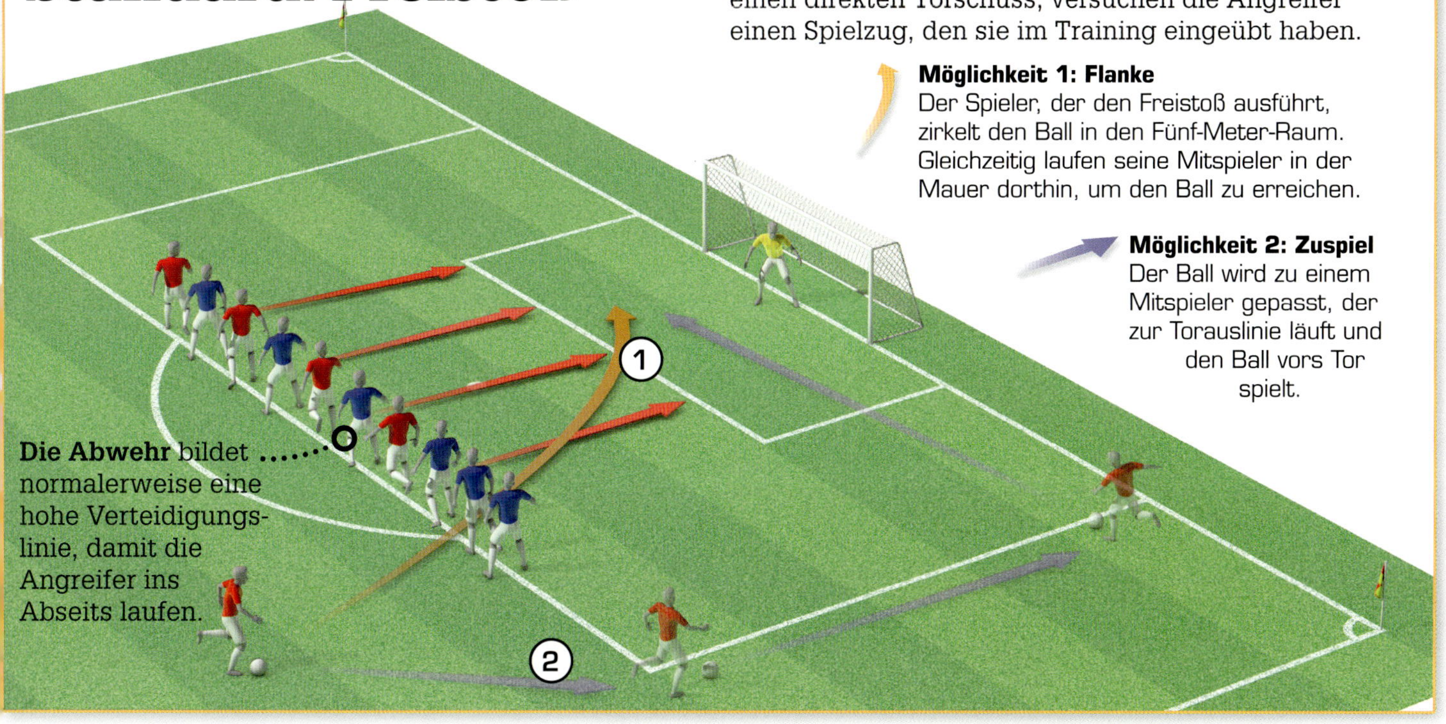

Die Abwehr bildet normalerweise eine hohe Verteidigungslinie, damit die Angreifer ins Abseits laufen.

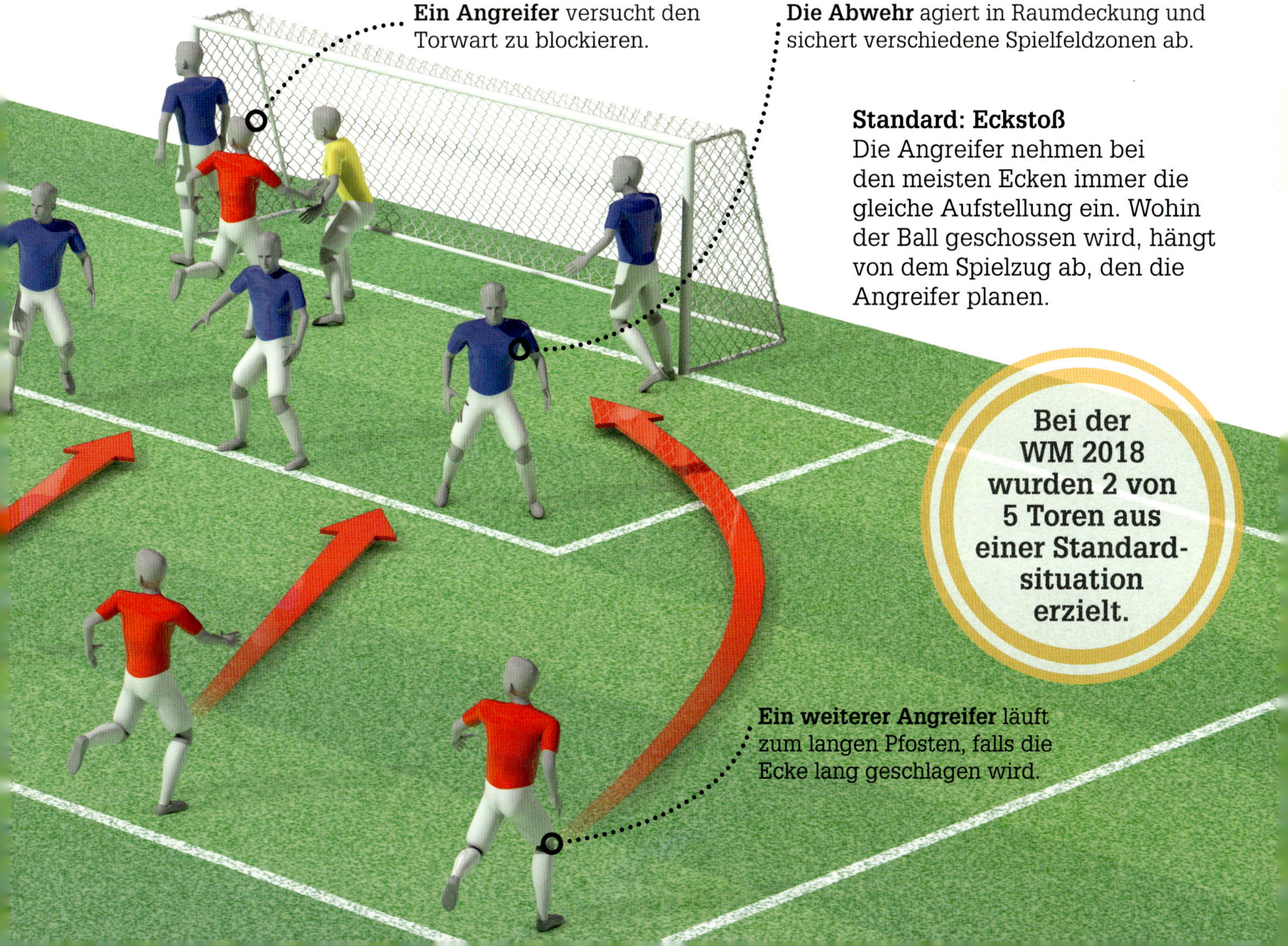

Ein Angreifer versucht den Torwart zu blockieren.

Die Abwehr agiert in Raumdeckung und sichert verschiedene Spielfeldzonen ab.

Standard: Eckstoß
Die Angreifer nehmen bei den meisten Ecken immer die gleiche Aufstellung ein. Wohin der Ball geschossen wird, hängt von dem Spielzug ab, den die Angreifer planen.

Bei der WM 2018 wurden 2 von 5 Toren aus einer Standardsituation erzielt.

Ein weiterer Angreifer läuft zum langen Pfosten, falls die Ecke lang geschlagen wird.

Standards:
Abwehr

Weil **Standards** zu guten Torchancen führen können, muss die **Abwehr** so **organisiert** werden, dass sie der drohenden **Gefahr begegnen** kann.

Der italienische Verein Sassuolo ließ 2014/15 nur 1 Standardtor in der ganzen Saison zu.

Bei Eckstößen gibt es zwei Möglichkeiten: Raumdeckung oder Manndeckung.

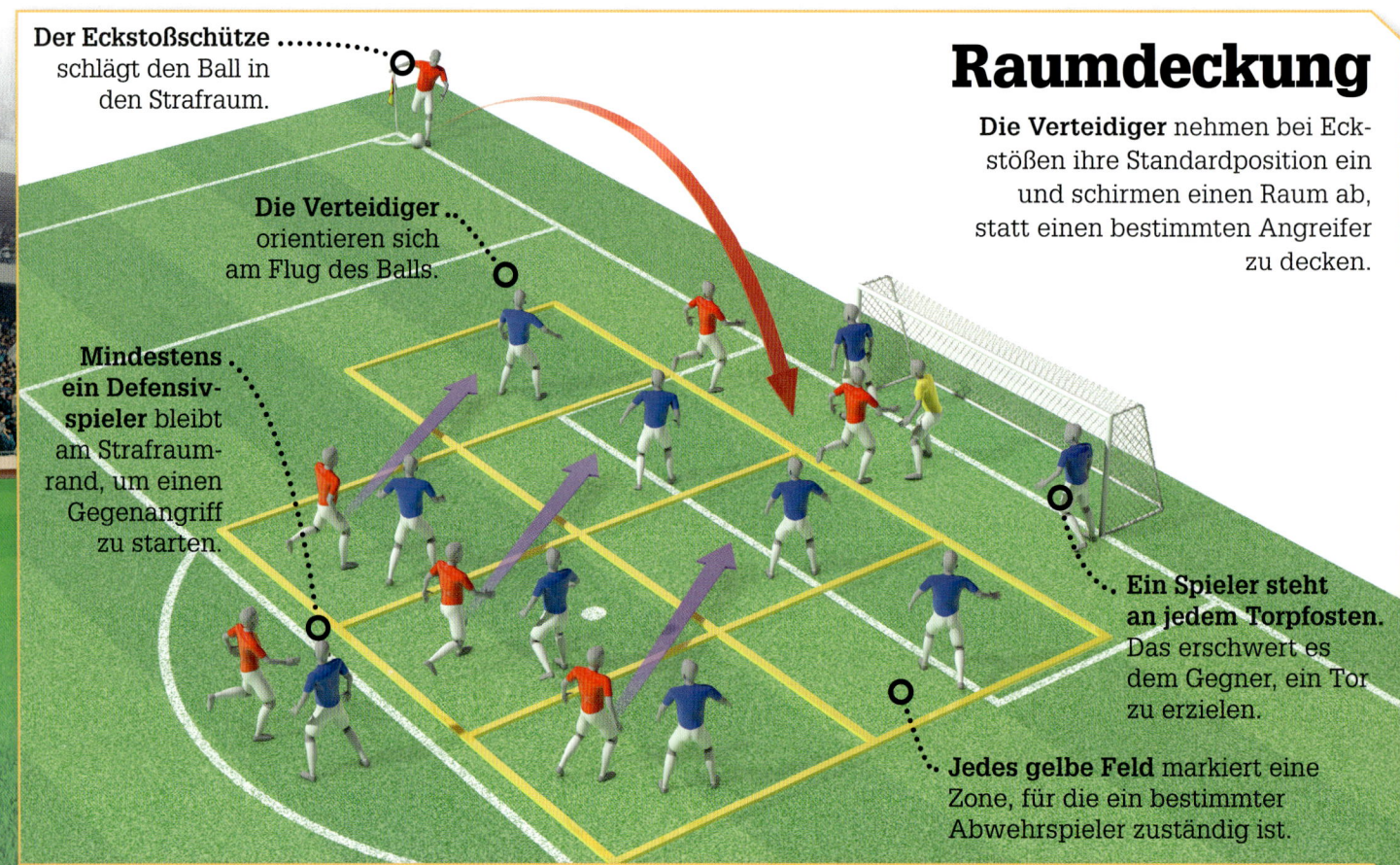

Der Eckstoßschütze schlägt den Ball in den Strafraum.

Die Verteidiger orientieren sich am Flug des Balls.

Mindestens ein Defensivspieler bleibt am Strafraumrand, um einen Gegenangriff zu starten.

Raumdeckung

Die Verteidiger nehmen bei Eckstößen ihre Standardposition ein und schirmen einen Raum ab, statt einen bestimmten Angreifer zu decken.

Ein Spieler steht an jedem Torpfosten. Das erschwert es dem Gegner, ein Tor zu erzielen.

Jedes gelbe Feld markiert eine Zone, für die ein bestimmter Abwehrspieler zuständig ist.

✔ **Vorteile**

- Bei diesem System kann der Torwart leichter aus dem Tor kommen und den Ball abfangen, da der Raum um ihn herum nicht so überfüllt ist.
- Für die Abwehr ist das gesamte Team zuständig.

✘ **Nachteil**

- Die Angreifer kommen leichter zum Kopfball, da sie einen längeren Weg zum Ball haben und daher schneller auf ihn zulaufen und höher springen können.

Die Mauer beim Freistoß

Der Torwart bestimmt, wie viele Spieler die Mauer bilden. Das hängt davon ab, von woher der Freistoß kommt. Jedes Segment in dieser Abbildung zeigt, wie viele Spieler die Mauer bilden, wenn der Freistoß von dort aus erfolgt.

Manndeckung

Jeder Abwehrspieler deckt einen bestimmten Gegenspieler so lange, bis der Ball aus dem Strafraum geschlagen wurde und die Gefahr vorbei ist.

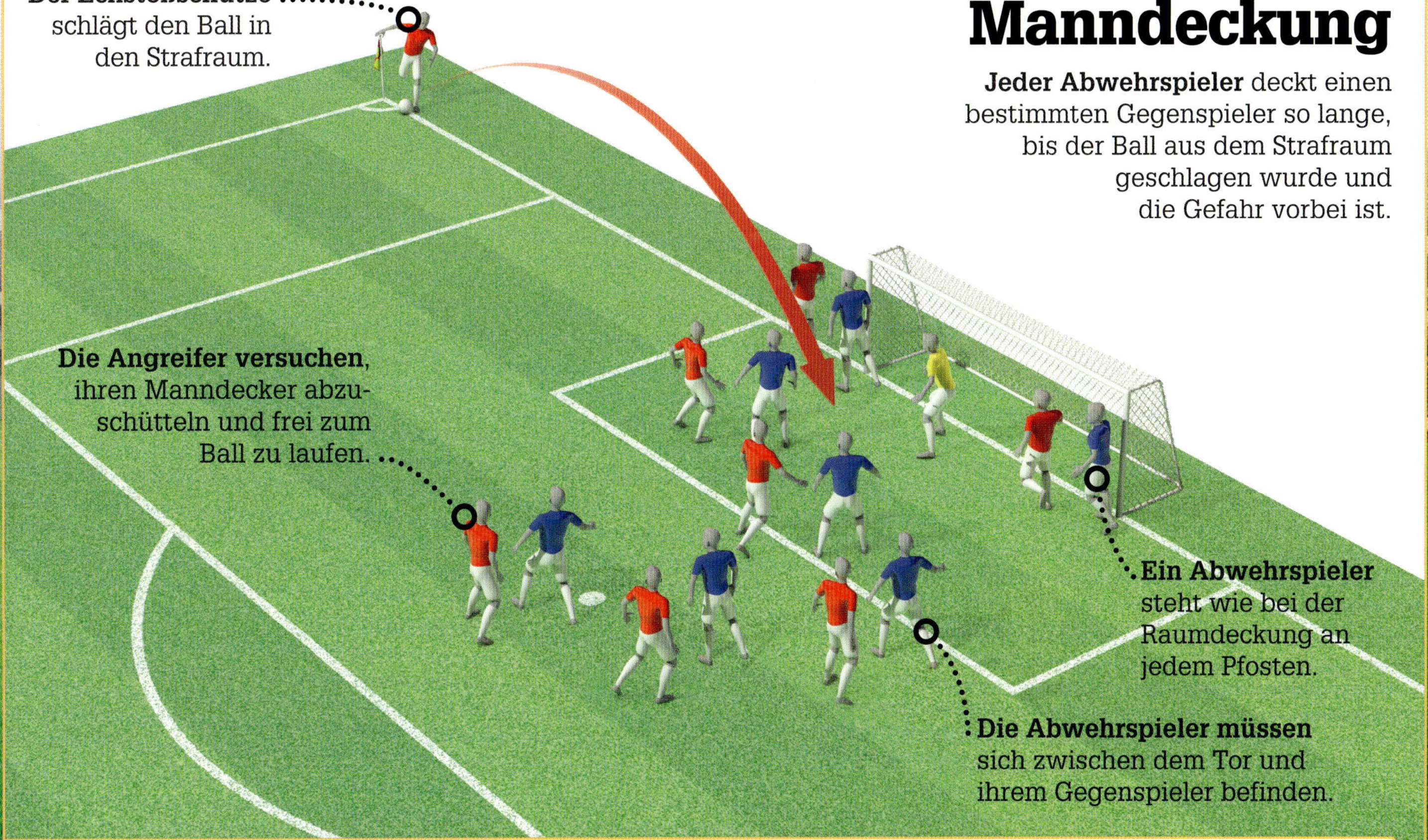

Der Eckstoßschütze schlägt den Ball in den Strafraum.

Die Angreifer versuchen, ihren Manndecker abzuschütteln und frei zum Ball zu laufen.

Ein Abwehrspieler steht wie bei der Raumdeckung an jedem Pfosten.

Die Abwehrspieler müssen sich zwischen dem Tor und ihrem Gegenspieler befinden.

 **Vorteil**

- Die Abwehrspieler können genau wie ihre Gegenspieler zum Ball laufen.

✗ Nachteile

- Die Abwehrspieler müssen ihren Angreifern folgen.
- Große Verantwortung für den Abwehrspieler, seinen Gegenspieler nicht aus den Augen zu verlieren.
- Im Torraum kann großes Gedränge herrschen, sodass der Torwart Mühe hat, den Ball abzufangen.

Taktik-genies

Jede Mannschaft tritt mit einer **Strategie** und **Taktik** an, um zu gewinnen. Bestimmt werden sie vom **Trainer** auf der Grundlage des jahrelang entwickelten **Spielstils des Teams**.

1930er

Die Technik des Passens wurde 1870 vom schottischen Team Queen of the South eingeführt. Dies revolutionierte das Spiel, das bis dahin nur Dribblings kannte.

1870er

Herbert Chapman entwickelte als Manager des englischen Klubs Arsenal das WM-System. Es betonte die Abwehr – bis dahin stand der Angriff im Vordergrund.

Helenio Herrera gewann 1964 und 1965 mit Inter Mailand den Europapokal der Landesmeister. Mit seiner defensiven Catenaccio-Taktik gewann die Mannschaft Spiele, indem sie auf Konter lauerte.

27 Tore erzielte Ungarn bei der WM 1954 – ein Rekord, der bis heute gilt.

1960er

Im modernen Fußball hat es schon viele verschiedene Spielsysteme und Spielstile gegeben. Hier eine Auswahl jener, die zu großartigen Erfolgen auf dem Rasen führten.

Ungarn spielte um 1950 ein ganz eigenes System, bei dem die Stürmer mitverteidigten und die Abwehrspieler mitstürmten. Das ungarische Nationalteam gewann 1952 die olympische Goldmedaille.

1950er

2000er

Das niederländische Nationalteam führte den „Totalen Fußball" ein, bei dem die Spieler auf dem Feld ständig die Positionen tauschten. Die Mannschaft stand 1974 und 1978 im WM-Finale.

Pep Guardiola gewann mit dem FC Barcelona und dem auf Ballbesitz und Kurzpassspiel basierenden Stil des Tikitaka zwischen 2008 und 2012 viele Titel.

Vicente del Bosque führte Spanien zum Sieg bei der WM 2010. Sein Team spielte ein System mit sechs Mittelfeldspielern und ohne klassischen Stürmer.

2010

19/1970

2010er

Jürgen Klopp hat als Trainer von Borussia Dortmund und Liverpool große Erfolge gefeiert. Dabei legt er großen Wert auf das Gegenpressing: Nach einem Ballverlust versucht das Team, den Ball schnellstmöglich zurückzugewinnen.

RINUS MICHELS

Der Niederländer Rinus Michels gilt als Erfinder des „Totalen Fußballs". 1971-1973 gewann er mit Ajax Amsterdam dreimal den Europapokal der Landesmeister. Er führte den Stil auch beim FC Barcelona und in der niederländischen Nationalmannschaft ein, die 1988 Europameister wurde.

Nachspielzeit

Die Anzahl von **Toren pro Spiel** in den Topligen von **China, England, Frankreich, Deutschland, Italien, Spanien** und den **USA** beträgt im Schnitt **2,68**.

Der **FC Bayern München** erzielte 2014 einen Rekord von **1033** **Pässen** in einem Spiel der **Bundesliga** gegen **Hertha Berlin**. **Bayern München** gewann mit **3:1**.

Während eines **90-minütigen** Spiels (ohne Verletzungs- unterbrechungen) ist der Ball tatsächlich zwischen **60** und **65** Minuten im Spiel. Auf Amateurebene sind es **50** bis **55** Minuten.

Das **häufigste Ergebnis** von Fußballspielen ist **1:1**, das sind **11%** aller möglichen Ergebnisse. Hier die Prozentsätze anderer Resultate:

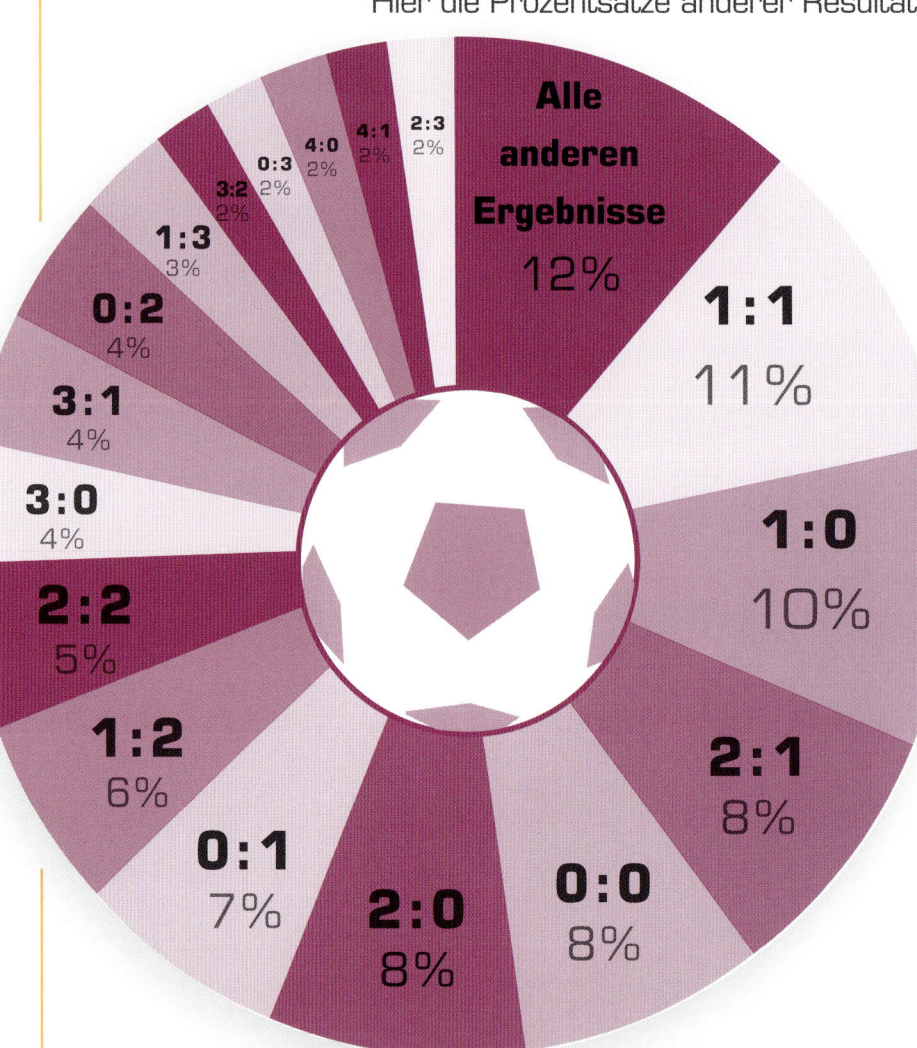

Alle anderen Ergebnisse 12%

1:1 11%

1:0 10%

2:1 8%

0:0 8%

2:0 8%

0:1 7%

1:2 6%

2:2 5%

3:0 4%

3:1 4%

0:2 4%

1:3 3%

3:2 2%

0:3 2%

4:0 2%

4:1 2%

2:3 2%

Eine Studie der englischen Premier League verrät, **wie häufig Tore wann im Spiel** erzielt werden.

0–15. Minute	**12,6% der Tore**
16.–30. Minute	**13,7% der Tore**
31.–45. Minute	**18,0% der Tore**
46.–60. Minute	**14,4% der Tore**
61.–75. Minute	**18,5% der Tore**
76.–90. Minute	**22,8% der Tore**

Im Profifußball stehen die Chancen **bei 1:7**, dass ein Team verliert, welches das **erste Tor erzielt**.

Die meisten **Spiele**
in Folge ohne Niederlage
schafften diese Klubs
der 4 europäischen Topligen:

AC Mailand
(Italien)
1991–93

58 SPIELE

Bayern München
(Deutschland)
2012–2014

53 SPIELE

Arsenal
(England)
2003–2004

49 SPIELE

Juventus
(Italien)
2011–2012

49 SPIELE

Liverpool
(England)
2019–2020

44 SPIELE

Im Durchschnitt führen
9 von **100 Schüssen**
zu einem Tor.
12 von **100 Kopfbällen**
aufs Tor landen im Netz.

Ajax Amsterdam gewann
alle **46 Heimspiele** während zwei Spielzeiten
in Folge (1971/72 und 1972/73)
und holte dabei **vier verschiedene Titel**:
die **Meisterschaft**,
den **KNVB-Pokal**, den
Europapokal der Landesmeister
und den **UEFA Super Cup**.

Verein, Spieler und Fans

Ein Fußballteam ist Teil einer viel größeren Organisation: des Vereins, der eine eigene Identität und Tradition hat. Spitzenklubs werden wie Unternehmen geführt und haben Hunderte von Mitarbeitern. In den Vereinen gibt es viele verschiedene Aufgaben, vom Trainieren der Mannschaft bis zum Verkauf von Tickets an die Fans und zur Vorbereitung des Spielfelds für das Spiel.

So funktioniert ein Verein

Große Fußballvereine

haben viele Mitarbeiter, die sich um den **sportlichen** und **wirtschaftlichen** Erfolg kümmern.

Dieses Diagramm zeigt die verschiedenen Mitarbeiter eines Fußballvereins, was sie tun und wie sie zusammenarbeiten, um den Verein in Gang zu halten.

Der englische Klub Notts County gilt als erster Profifußballklub der Welt.

Seine Mitglieder, die manchmal auch Beteiligungen an dem Verein besitzen, treffen die Entscheidungen über den Verein und seine Zukunft.

Der kaufmännische Leiter handelt Verträge mit Sponsoren und anderen Unternehmen aus.

Kaufmännischer Leiter

Der Geschäftsführer beaufsichtigt die laufenden Geschäfte des Vereins und berichtet dem Aufsichtsrat.

Der Trainer betreut die erste Mannschaft. Er leitet das Training, stellt das Team auf und legt die Spieltaktik fest.

Trainer

Aufsichtsrat

Geschäftsführer

Der Finanzchef kümmert sich um die finanziellen Mittel des Vereins.

Sportdirektor

Finanzchef

Der Sportdirektor ist für die Zusammenstellung des Kaders und die Erarbeitung von Terminplänen zuständig.

Der Vereinsarzt ist für die medizinische Betreuung der Spieler zuständig.

Vereinsarzt

Physiotherapeut

Der Physiotherapeut kümmert sich um verletzte Spieler und beugt Verletzungen vor.

Erste Mannschaft

Co-Trainer

Der Co-Trainer unterstützt den Trainer bei der Vorbereitung des Teams.

Das ganze Team besteht aus einem Kader von 20 bis 30 Spielern, damit bei Verletzungen Ersatz vorhanden ist.

Trainerstab

Der Trainerstab ist mit seinen Spezialisten für verschiedene Trainingsaspekte wie z. B. das Torwarttraining zuständig.

Scouts

Der Verkaufsleiter beaufsichtigt den Ticketverkauf und das Merchandising.

Scouts besuchen für den Klub andere Spiele und halten nach Spielertalenten Ausschau.

Schüler- und Jugendteams

In zahlreichen Schüler- und Jugendteams aller Jahrgangsstufen wird der Nachwuchs auf breiter Basis gefördert.

Zusammenarbeit mit Behörden

An Heimspieltagen muss die Sicherheit im und um das Stadion sowie das Funktionieren des öffentlichen Nahverkehrs mit den zuständigen Behörden organisiert werden.

Der Trainer

Der Trainer legt den Trainingsablauf fest, stellt das Team auf und bestimmt die Spieltaktik. Auch abseit des Spielfelds hat er viele Aufgaben. **Der Sportdirektor** unterstützt ihn dabei.

Der Trainer muss vor allem dafür sorgen, dass die Mannschaft möglichst viele Spiele gewinnt. Doch seine Arbeit ist mit dem Abpfiff nicht beendet – es warten auch noch andere Aufgaben auf ihn.

Guy Roux trainierte den französischen Klub AJ Auxerre 44 Jahre lang (1961–2004).

Im Rampenlicht

- Mit den Medien zusammenarbeiten.
- Pressekonferenzen geben.
- Sponsoren unterstützen.
- Klub-Events besuchen.
- In den Klub-Medien auftreten.

Team und Spieler

- Spielsystem festlegen.
- Das Team aufstellen.
- Die Spieler motivieren.
- Den Spielern vor und während des Spiels Anweisungen geben.
- Spielerwechsel vornehmen.

im Hintergrund

- Die Spielerdisziplin aufrechterhalten.
- Die Entwicklung der Spieler verfolgen.
- Die Ziele für das Training überprüfen und anpassen.

Aufgaben des Sportdirektors

- Spielerkader planen.
- Verhandlungen mit anderen Klubs führen und Verträge mit Spielern abschließen.
- Teilnahme an Vorstandssitzungen.
- Zusammenarbeit mit den Scouts.
- Vorgesetzter des Trainers.

TRAINERKARUSSELL

England (Premier League)	11
Italien (Serie A)	17
Spanien (Primera División)	26
Frankreich (Ligue 1)	9
Deutschland (Bundesliga)	13

Der Job eines Trainers im Spitzenfußball zählt zu den unsichersten Arbeitsplätzen, die es gibt. Die Tabelle oben zeigt die durchschnittlichen Trainerwechsel pro Jahr in Europas Topligen.

Die Außenhülle der Allianz Arena leuchtet in in Rot, wenn Bayern spielt.

LEGENDE

1 Teambus-Parkplatz
2 Spielereingang
3 Gästekabine
4 Heimkabine
5 Aufwärmraum
6 Schiedsrichterkabine
7 Pressekonferenzraum

Die 2005 eröffnete Allianz Arena in München zählt mit ihren 75 000 Plätzen zu den größten Fußballstadien in Europa. Sie ist Austragungsort der Heimspiele des FC Bayern München und zahlreicher Spiele der deutschen Nationalmannschaft.

Spielereingang

Die Spieler gelangen durch einen eigenen Eingang ins Stadion, damit sie von den zahlreichen Fans nicht aufgehalten und abgelenkt werden.

Das **Stadion**

Im Inneren des Stadions befinden sich alle Einrichtungen zur **Vorbereitung** der Spieler aufs Spiel. Das Spielfeld in der Mitte ist ringsum von **steilen Zuschauerrängen** umgeben.

Kabine

In der Kabine ziehen sich die Spieler um und versammeln sich zur Ansprache des Trainers unmittelbar vor dem Spiel.

Spielertunnel

Der Spielertunnel führt aufs Spielfeld. Bevor sie dieses betreten, stellen sich die Spieler beider Teams im Tunnel auf.

Ein Scout hat die Aufgabe, neue Spielertalente zu finden. Größere Klubs haben bis zu 15 Scouts.

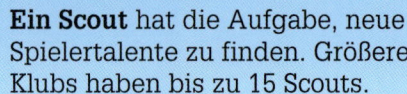

Neu entdeckter Spieler

Transfers

Im Profifußball gibt es zwei **Transfer-Zeitfenster**: von Anfang Juli bis Ende August und im Januar. Das sind aufregende Zeiten für Fußballfans – doch wie funktionieren Transfers eigentlich?

Den richtigen Spieler zu finden ist nur der Beginn eines langen Prozesses. Ein Verein muss viele Hürden nehmen, bevor ein Spieler offiziell unterschreibt.

Das Angebot

Beginn der Verhandlungen

Hat ein Verein den gewünschten Spieler gefunden, macht er dem Verein, bei dem er spielt, ein Angebot. Meist kommt es erst nach mehreren Angeboten zu einer Einigung.

Wird das Angebot angenommen, spricht der Verein mit dem Spielerberater über den Vertrag. Beide Parteien müssen sich über Details wie Gehalt und Leistungsboni einigen.

IN GOLD AUFGEWOGEN

Der erste Spieler, der buchstäblich in Gold aufgewogen wurde, war Bernabé Ferreyra. Der argentinische Verein River Plate bezahlte 1932 für ihn umgerechnet 25000 €, damals sicher mehr Geld, als sein Gewicht in Gold betragen hätte.

Ein Spielerberater erhält etwa 5 % der Transfersumme als Provision.

Wenn der Spieler den Medizin-Check absolviert hat, wird der Vertrag offiziell abgeschlossen.

Vertragsabschluss

Vertragsausarbeitung

Medizin-Check

Der ausgearbeitete Vertrag regelt noch viele andere Einzelheiten. Ein Spieler der englischen Premier League hatte in seinem Vertrag sogar eine Klausel, die ihm Reisen in den Weltraum verbot!

Ist der Vertrag ausgearbeitet, muss der Spieler bei einer medizinischen Untersuchung seine Fitness nachweisen. So sollen verborgene Verletzungen oder Schwächen ausgeschlossen werden.

Training

Die Spieler üben im Training vor allem ihre **Balltechniken**, arbeiten aber auch an **Tempo**, **Ausdauer**, **Beweglichkeit**, **Kraft** und **taktischem Verhalten**.

Tempo, Beweglichkeit

Sehr intensive Übungen wie Sprints um Hindernisse, Hürdenspringen und Standsprünge verbessern Tempo und Beweglichkeit eines Spielers.

📊 GUT ZU WISSEN

Fußball 11–15 km

Rugby 6,5–11 km

Hockey 6,5–8 km

Tennis 5–8 km

Basketball 3–5 km

American Football 2 km

Fußballspieler müssen sehr fit sein. In einem 90-minütigen Spiel legen sie im Durchschnitt eine Strecke von 11–15 km zurück.

Balltechniken

Die Spieler trainieren regelmäßig ihre Balltechniken. In Trainings-spielen üben sie auch Standard-situationen und verschiedene Angriffs- und Abwehrformen.

Profispieler
trainieren
im Schnitt
3 Stunden
täglich.

FLÜSSIGKEITSVERLUST

Im Training verlieren Spieler durch Schwitzen etwa 1–1,5 kg an Gewicht. Diese Menge kann in einem Spiel an einem heißen Tag auf bis zu 3 kg ansteigen. Um nicht zu dehydrieren, empfehlen Ärzte, dass die Spieler zum Ausgleich für jedes verlorene Kilogramm Gewicht 1,2–1,5 Liter Flüssigkeit zu sich nehmen.

Ausdauer

Kraft

Taktisches Verhalten

Die Mannschaft macht Ausdauerübungen wie Laufen und Zirkeltraining. Alle Spieler müssen so fit sein, dass sie ein ganzes Spiel durchhalten, ohne zu ermüden.

Fitnessübungen sollen vor allem die Beinmuskeln und die gesamte Körperkraft entwickeln.

Der Trainer lässt Taktiken einüben, damit die Spieler ihre Aufgaben auf dem Platz kennen und sich auch unter hohem Druck in einem Spiel an den Spielplan halten.

Verletzungs-risiko

Fußball ist ein körperbetontes Spiel, bei dem die Spieler **sprinten**, **springen** und **grätschen**. Dabei werden **Muskeln**, **Gelenke** und **Knochen** stark belastet, was zu **Verletzungen** führen kann.

Die roten Kreise heben die Körperteile hervor, die besonders gefährdet sind. Die Zahl im Kreis gibt die Häufigkeit von Verletzungen des Körperteils an, bezogen auf je 100 Verletzungen.

Gehirnerschütterung
Kopfverletzung durch Zusammenprall mit einem anderen Spieler.

Ausgekugelte Schulter
Durch einen unglücklichen Sturz verursachte Auskugelung des Schultergelenks.

Profispieler sind in jeder Saison durchschnittlich zweimal verletzt.

Rücken-schmerzen
Muskeln zerren sich oder reißen bei Überdehnung der Wirbelsäule.

Fingerbruch
Eine Verletzung vorwiegend von Torhütern.

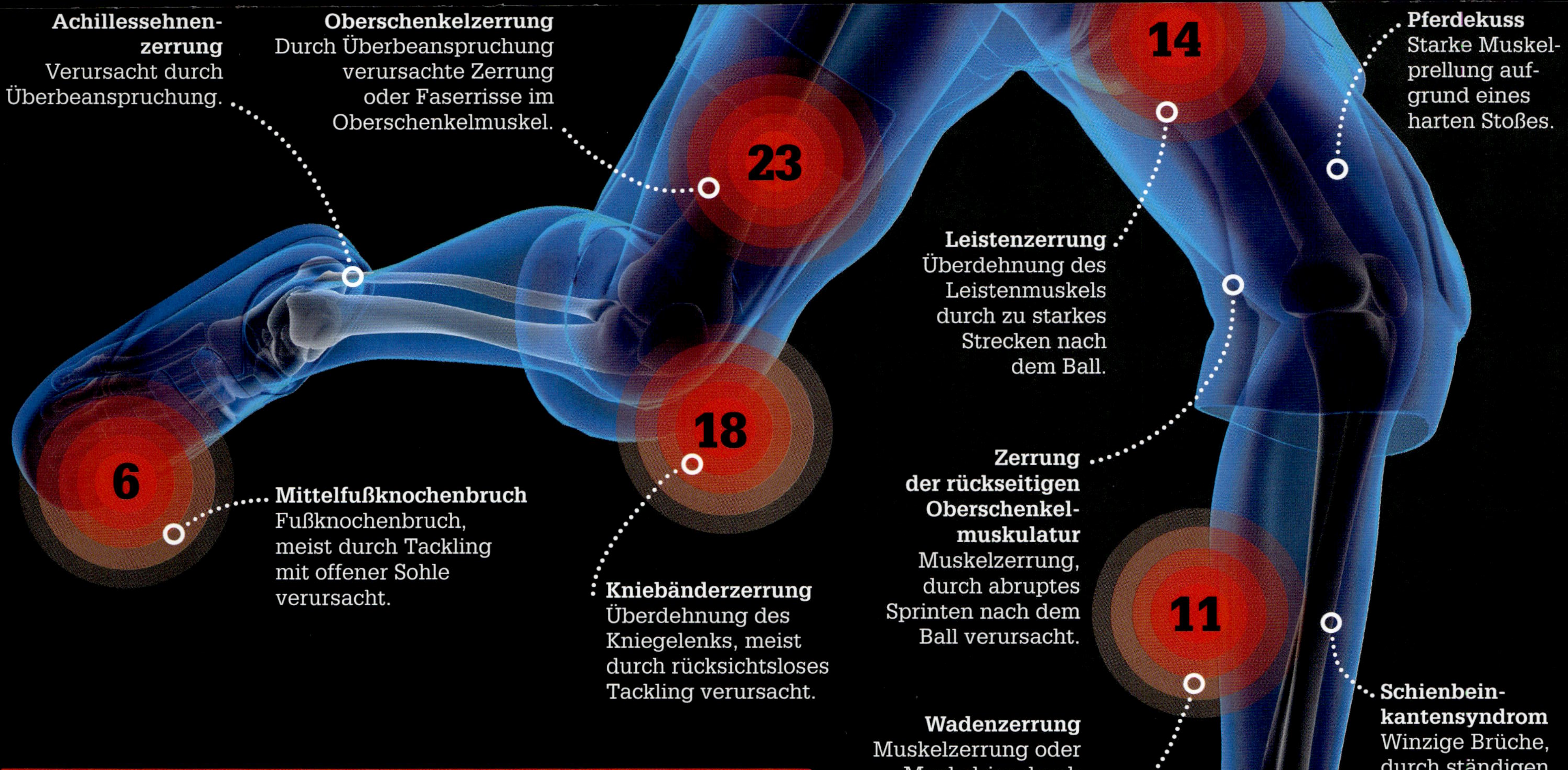

Pferdekuss
Starke Muskelprellung aufgrund eines harten Stoßes.

Schienbeinkantensyndrom
Winzige Brüche, durch ständigen Aufprall verursacht.

14

Leistenzerrung
Überdehnung des Leistenmuskels durch zu starkes Strecken nach dem Ball.

11

Zerrung der rückseitigen Oberschenkelmuskulatur
Muskelzerrung, durch abruptes Sprinten nach dem Ball verursacht.

Wadenzerrung
Muskelzerrung oder Muskelriss durch Überdehnung des Unterschenkels.

14

Knöchelverstauchung
Schwere Überdehnung, verursacht durch zu rasches Drehen oder ein unfaires Tackling.

Oberschenkelzerrung
Durch Überbeanspruchung verursachte Zerrung oder Faserrisse im Oberschenkelmuskel.

23

18

Kniebänderzerrung
Überdehnung des Kniegelenks, meist durch rücksichtsloses Tackling verursacht.

Achillessehnenzerrung
Verursacht durch Überbeanspruchung.

Mittelfußknochenbruch
Fußknochenbruch, meist durch Tackling mit offener Sohle verursacht.

6

DIE ROLLE DES PHYSIOTHERAPEUTEN

Der Physiotherapeut behandelt im Spiel verletzte Spieler und begleitet sie bei ihrer Genesung. Er kümmert sich auch um die Fitness und entwickelt individuelle Trainingsprogramme, die den Spielern helfen, fit zu bleiben.

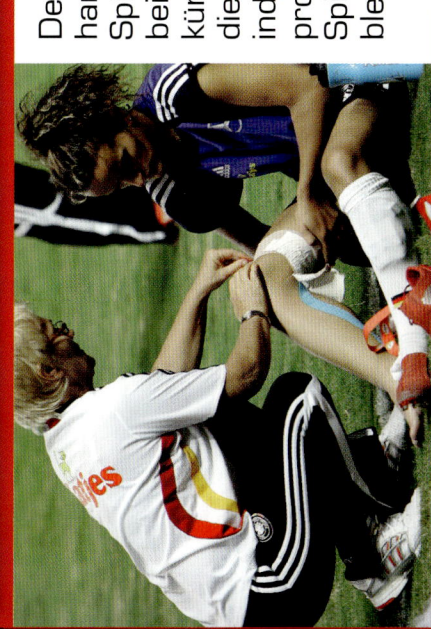

Wochenplan eines Spielers

Profifußballer müssen diszipliniert leben und halten sich an eine **strenge Routine**, um sich gut vorzubereiten. Sie müssen sich aber auch **erholen**.

EISBÄDER

Nach jedem Spiel beugen die Spieler einem Muskelkater mit Eisbädern vor. Die Kälte verengt die Blutgefäße und reduziert so die Durchblutung. Sobald der Spieler das Bad verlässt erweitern sich die Gefäße wieder, sodass frisches, sauerstoffreiches Blut in die Muskeln gelangt.

	Montag	Dienstag
VORMITTAG	Aerobictraining	Trainingsspiel
NACHMITTAG	Individuelle Balltechnik	Physiotherap
	Krafttraining	Medizinisch Fitnesstest
ABEND	Freizeit	Freizeit

So sieht ein möglicher Wochenplan eines Profifußballers aus. Er veranschaulicht, wie oft trainiert wird. Doch genauso wichtig ist die Erholungszeit – Spieler benötigen nachts etwa 8 bis 10 Stunden Schlaf.

Profis trainieren etwa 15 Stunden pro Woche mit dem Ball.

...ttwoch	Donnerstag	Freitag	Samstag	Sonntag
...aktische ...orbereitung	Erholung – leichte Fitness-übungen	Kraft- und Tempotraining	Balltechnik in kleinen Gruppen	Erholung – leichte Fitness-übungen
...hnübungen ...r die ...eweglichkeit	Nachbesprechung des Spiels mit dem Trainer	Übungsspiel	Fahrt im Teambus zum Auswärtsspiel	Nachbesprechung des Spiels mit dem Trainer
...alltechnik ...n kleinen ...ruppen	Individuelle Balltechnik	Taktische Vorbereitung	AUSWÄRTSSPIEL Anpfiff: 15.30 Uhr	Physiotherapie
...EIMSPIEL: ...npfiff: 20.45 Uhr	Freizeit	Freizeit	Heimreise nach dem Spiel	Freizeit

Die **Fans**

Echte **Fußballfans** sind nicht nur Zuschauer, sondern eifrige Teilnehmer, die als **„zwölfter Mann"** ihres Teams gelten. Mit Sprechchören Gesängen und Meinungsäußerungen schaffen sie eine **Atmosphäre**, die die Mannschaft anspornt.

Trikots, Mützen und Schals in den Farben der Mannschaft werden beim Spiel getragen.

8 von 10 Fans glauben, ihr Anfeuern helfe dem Team, besser zu spielen.

Fans genießen die laute, energiegeladene Atmosphäre, die sie im Stadion erzeugen. Manche freuen sich auf die tolle Stimmung genauso wie auf das Spiel selbst.

GUT ZU WISSEN

Fußball hat weltweit etwa 4 Milliarden Fans – mehr als jede andere Sportart auf der Erde. Rund 63 % dieser Fans sind männlich, 37 % weiblich.

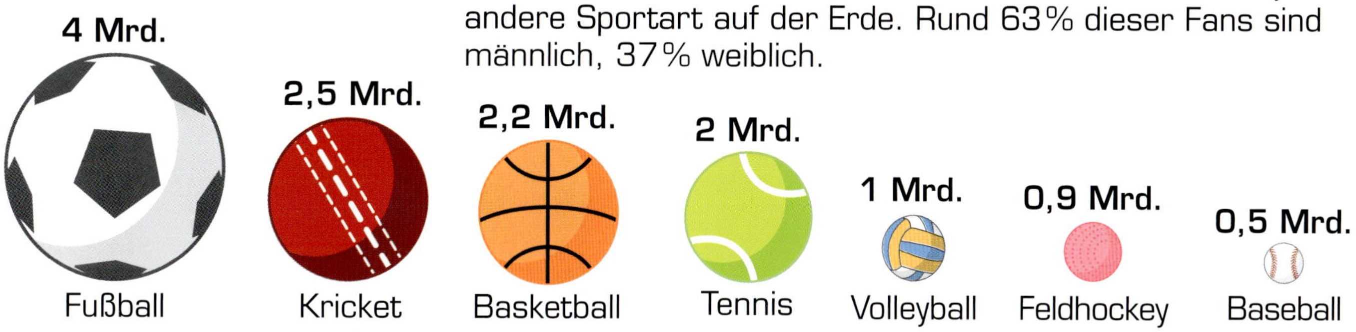

4 Mrd.

Fußball

2,5 Mrd.

Kricket

2,2 Mrd.

Basketball

2 Mrd.

Tennis

1 Mrd.

Volleyball

0,9 Mrd.
Feldhockey

0,5 Mrd.

Baseball

Manche Fans schwenken Fahnen zur Unterstützung ihres Teams.

Eingefleischte Fans verwenden für ihre Gesänge oft die Melodien beliebter Songs.

DIE MACHT DER FANS

Es gibt einen Trend im Weltfußball: Heimteams gewinnen die Hälfte ihrer Spiele und verlieren nur jedes vierte. Dies liegt vielleicht auch an der Atmosphäre, die Heimfans erzeugen und die ihrer Mannschaft einen mentalen Vorteil verschafft.

Nach-spielzeit

Europas dienstälteste Fußballtrainer

	Ignacio Quereda: 27 Jahre (1988–2015) Spanische Fußballnationalmannschaft der Frauen
5	**Sir Alex Ferguson:** 27 Jahre (1986–2013) Manchester United (England)
4	**Ronnie McFall:** 30 Jahre (1986–2016) Portadown FC (Nordirland)
3	**Bill Struth:** 34 Jahre (1921–1954) Glasgow Rangers (Schottland)
2	**Willie Maley:** 43 Jahre (1897–1940) Celtic Glasgow (Schottland)
1	**Guy Roux:** 44 Jahre (1961–2005) AJ Auxerre (Frankreich)

Diese Fußballvereine haben weltweit die meisten Follower auf Social Media:

1
Real Madrid
(Spanien)
271 Mio.
Fans

2
FC Barcelona
(Spanien)
270 Mio.
Fans

3
Manchester United
(England)
169 Mio.
Fans

4
Paris Saint-Germain
(Frankreich)
143 Mio.
Fans

5
Juventus
(Italien)
115 Mio.
Fans

Wie alt sind Fußballfans?

Die Tabelle zeigt den Anteil aller Fußballfans in fünf verschiedenen Altersgruppen.

16–24	25–34	35–44	45–54	55–64
20%	28%	20%	18%	13%

77% aller **europäischen Fans** sind schon einmal für ein Spiel ins **Ausland** gereist. **England** ist das **beliebteste Reiseziel** für Fans, die ein Spiel sehen wollen, gefolgt von **Spanien**.

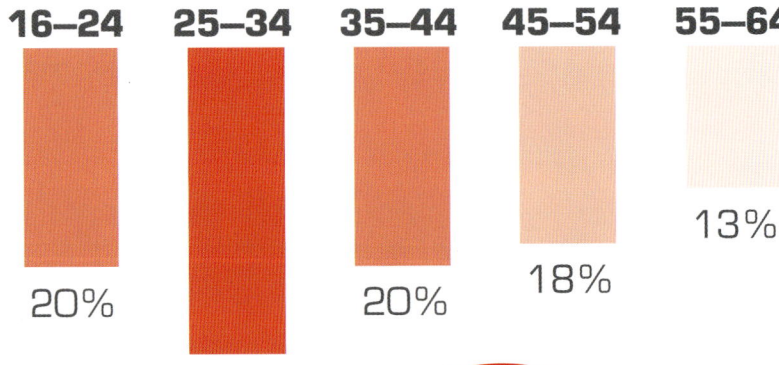

Eine Studie unter **Europas 20 Topteams** über einen Zeitraum von **7 Saisons** ergab, dass sich pro **1000** Spielstunden **8 Verletzungen** ereigneten.

Frauenfußballspiele mit den höchsten Zuschauerzahlen

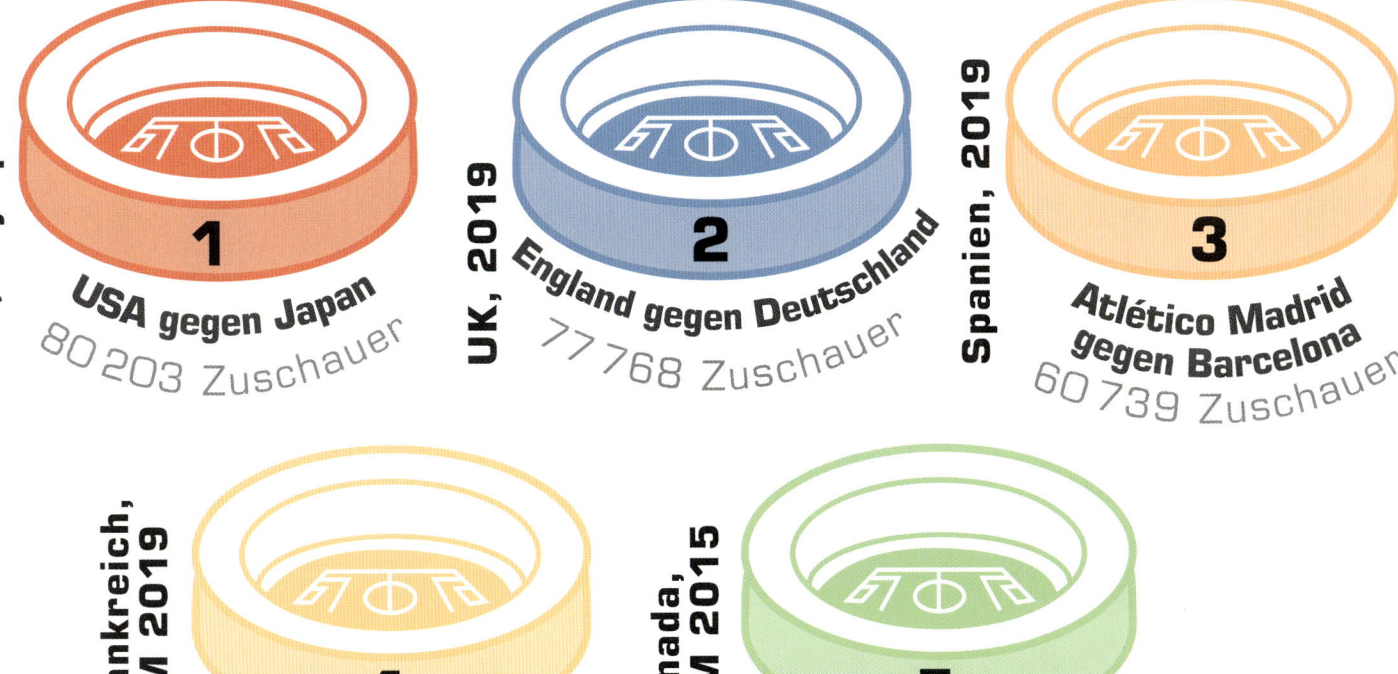

UK, Olympia 2012
1
USA gegen Japan
80 203 Zuschauer

UK, 2019
2
England gegen Deutschland
77 768 Zuschauer

Spanien, 2019
3
Atlético Madrid gegen Barcelona
60 739 Zuschauer

Frankreich, WM 2019
4
USA gegen Niederlande
57 900 Zuschauer

Kanada, WM 2015
5
USA gegen Japan
53 341 Zuschauer

Bei der **WM 1950** in Brasilien verzeichnete das Spiel zwischen **Uruguay** und **Brasilien** im **Maracana-Stadion** einen bis heute nicht mehr erreichten **Zuschauerrekord**: 199 854.

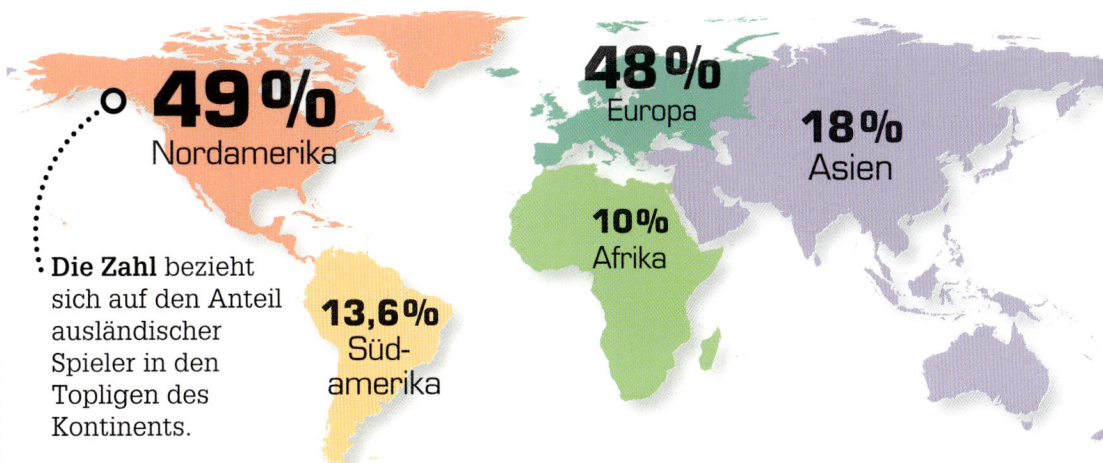

49% Nordamerika

Die Zahl bezieht sich auf den Anteil ausländischer Spieler in den Topligen des Kontinents.

48% Europa

18% Asien

10% Afrika

13,6% Süd-amerika

Ausländische Spieler

Fast die Hälfte der Profispieler bei den Topvereinen in **Nordamerika** und **Europa** sind Ausländer. Die Klubs dort zählen zu den reichsten und ziehen die weltbesten Spieler an.

Turniere und Trophäen

Der Erfolg eines Teams wird an der Anzahl von Turnieren und Trophäen gemessen, die es gewonnen hat. Auf internationaler Ebene spielen Nationalmannschaften alle 4 Jahre um die FIFA Weltmeisterschaft. Darüber hinaus ermittelt jeder Kontinent in einem eigenen internationalen Wettbewerb seinen Kontinentalmeister.

1970: Brasilien brilliert
Brasilien schlug im Finale in Mexico City Italien mit 4:1. Zum ersten Mal trafen zwei ehemalige Weltmeister im Finale aufeinander. Und erstmals wurde eine WM im Farbfernsehen übertragen.

2018: Famoses Frankreich
Kylian Mbappé (Mitte) erzielte den vierten Treffer bei Frankreichs 4:2-Sieg über Kroatien im WM-Finale 2018 in Moskau (Russland). Frankreich krönte sich damit zum zweiten Mal zum Weltmeister.

Weltmeister-schaft

Seit dem Jahr 1930 findet alle 4 Jahre die FIFA Weltmeisterschaft statt, der **größte Fußball-wettbewerb**. Dabei wird ermittelt, welches Land **Fußballweltmeister** wird.

Diego Maradona bestätigte seinen Ruf als weltbester Spieler, als er mit Argentinien 1986 das WM-Finale im Aztekenstadion in Mexico City gegen Deutschland mit 3:2 gewann.

Nur 13 Teams nahmen im Jahr 1930 an der ersten WM in Uruguay teil.

FAKTEN ZUM TURNIER

Die Qualifikation der 32 Nationen für die Endrunde der Weltmeisterschaft startet meist 3 Jahre vor Turnierbeginn.

Erste Austragung:
1930

Weltfußballverband:
FIFA

Teilnehmer:
32

Europa-meisterschaft

Seit 1960 wird alle 4 Jahre um die UEFA Europameisterschaft gespielt. Dabei ermitteln die Nationalteams den **Europa-meister**.

Italiens Kapitän Giorgio Chiellini hält den Pokal bei der EM 2020 in die Höhe – Das Turnier musste wegen der Covid-19 Pandemie auf 2021 verlegt werden. Das Finale gegen England in Wembley entschied nach einem spannenden Elfmeter-schießen Italien mit 3:2 für sich.

📈 FAKTEN ZUM TURNIER

Erste Austragung:
1960

Kontinental-verband:
UEFA

Teilnehmer:
24

Die Zahl der Länder, die sich für die Endrunde der UEFA Europameister-schaft qualifizieren, wurde 2016 erstmals auf 24 erhöht.

Spanien und Deutschland haben das Turnier jeweils dreimal gewonnen.

HÖHEPUNKTE

1984: Allez les Bleus
Michel Platini (oben) führte Gastgeber Frankreich mit fantastischen 9 Toren (einem Rekord) zum Titel. Eines davon erzielte er beim 2:0-Finalsieg über Spanien.

1988: Oranje siegt
Mit Toren von Ruud Gullit und Marco van Basten schlugen die Niederlande im Finale die Sowjetunion mit 2:0 – der bisher einzige internationale Turniersieg der Niederlande.

2012: Spanisches Double
Mit zwei Toren in jeder Halbzeit schlug Spanien im Finale Italien mit 4:0 – und war das erste Team, das seinen Europameistertitel erfolgreich verteidigen konnte.

Copa América

Das **älteste internationale Fußballturnier** der Welt ist die Copa América. Schon seit 1916 wird der **Südamerikameister** regelmäßig ermittelt.

2021 gewinnt Lionel Messi seine erste internationale Trophäe nachdem Argentinien im Finale Brasilien mit 1:0 besiegt hat. 28 lange Jahre hatte Argentinien das Turnier nicht mehr gewonnen.

FAKTEN ZUM TURNIER

Erste Austragung:
1916

Kontinentalverband:
CONMEBOL

Teilnehmer: 12

Für die derzeit teilnehmenden zwölf Länder gibt es zuerst eine Gruppenphase (drei Gruppen à vier Teams) und danach K.-o.-Spiele.

Brasilien und Uruguay gewannen das Turnier als Gastgeber immer.

HÖHEPUNKTE

1949: Brasilien siegt wieder
Zizinho (oben rechts) führte Brasilien im Finale gegen Paraguay aufs Feld. Brasiliens 7:0-Sieg war der dritte Copa-Erfolg – aber der erste Sieg nach 27 Jahren Pause!

1979: Perfektes Paraguay
Paraguay besiegte Chile im Finale nach Hin- und Rückspiel sowie einem Entscheidungsspiel insgesamt mit 3:1. Damit gewann das Land die Trophäe zum zweiten Mal.

1993: Über Grenzen hinweg
Argentinien schlug Mexiko im Finale mit 2:1. Erstmals hatten Teams (Mexiko und die USA) an dem Turnier teilgenommen, die nicht aus Südamerika kamen.

Afrikameisterschaft

Die **Afrikameisterschaft** wurde zum ersten Mal 1957 ausgetragen und findet im Unterschied zu den meisten anderen großen kontinentalen Turnieren nicht alle 4, sondern alle **2 Jahre** statt.

Kalidou Koulibaly hebt die Trophäe als erster Spieler aus dem Senegal in die Höhe – sein Team besiegte Ägypten im Finale der Afrikameisterschaft 2022. Nachdem auch in der Verlängerung keine Tore gefallen waren, wurde der entscheidende Elfmeter von Sadio Mané verwandelt.

Nur drei Länder nahmen 1957 an der ersten Afrikameisterschaft teil.

FAKTEN ZUM TURNIER

Erste Austragung:
1957

Kontinentalverband:
CAF

Teilnehmer:
24

In der Qualifikation treten 48 Teams in 12 Gruppen gegeneinander an. Die Gruppensieger und die Gruppenzweiten nehmen an der Endrunde teil.

HÖHEPUNKTE

1988: Kamerun ist top

Das von Roger Milla (oben) ange-
führte Kamerun erwies sich als
bestes Team Afrikas und schlug
Nigeria im Finale mit 1:0. Es war
der zweite Titel in 4 Jahren.

1996: Heimtriumph

Durch zwei Tore von Mark
Williams setzte sich Südafrika
bei seiner ersten Turnierteilnahme
im Finale von Johannesburg mit
2:0 gegen Tunesien durch.

2008: Wieder Ägypten

Mit dem 1:0-Sieg im Finale gegen
Kamerun gewann Ägypten das
Turnier zum sechsten Mal – der
siebte Turniertriumph folgte dann
im Jahr 2010.

Asienmeisterschaft

Die erstmals 1956 ausgetragene **Asienmeister-schaft** ist nach der Copa América die zweitälteste Fußball-Kontinentalmeisterschaft der Welt. Sie findet alle **4 Jahre** statt.

Katar besiegte Japan mit 3:1 im Finale der Asienmeisterschaft, die 2019 in den Vereinigten Arabischen Emiraten gespielt wurde. Das kleine Land gewann erstmals die Trophäe – und Japan verlor zum ersten Mal ein Finale.

Australien schloss sich 2006 der Asiatischen Konföderation an und gewann das Turnier 2015.

FAKTEN ZUM TURNIER

Erste Austragung: 1956

Kontinental-verband: AFC

Teilnehmer: 24

Zehn Teams aus fünf Qualifikationsgruppen, der Erste, Zweite und Dritte des vorherigen Turniers, der Gastgeber sowie zwei weitere Teams kommen in die Endrunde.

HÖHEPUNKTE

1996: Super-Saudis
Torwart Mohammed Al-Deayea (oben) verhalf Saudi-Arabien zum dritten Turniersieg beim 4:2 im Elfmeterschießen gegen die Vereinigten Arabischen Emirate.

2007: Irak jubelt in Jakarta
Der Irak konnte die politischen Unruhen im eigenen Land ver-drängen und schlug Saudi-Arabien im Finale von Jakarta mit 1:0. Es war der erste Titelgewinn.

2011: Vierter Titel für Japan
Durch ein Tor in der 109. Minute von Tadanari Lee schlug Japan Australien mit 1:0 in Doha (Katar). Die vierte Asienmeisterschaft für Japan ist ein neuer Rekord.

Olympische Spiele

Fußball wurde **1900** erstmals ins Programm der Olympischen Spiele aufgenommen. Die **Frauen** tragen seit 1996 ebenfalls ein olympisches Fußballturnier aus.

FAKTEN ZUM TURNIER

Erste Austragung:
1900 (Männer)
1996 (Frauen)

Teilnehmer:
16 (Männer)
12 (Frauen)

Bei den Männern qualifizieren sich die Teams über kontinentale Altersklassenturniere. Frauenteams qualifizieren sich bei verschiedenen kontinentalen Turnieren.

Brasilien musste sich mit der Verteidigung seines olympischen Titels gedulden, nachdem die Spiele 2020 in Tokio auf Grund der Covid-19 Pandemie auf 2021 verlegt worden waren. Brasilien konnte sich gegen Spanien mit einem 2:1 in der Verlängerung durchsetzen.

> Bei allen Olympischen Spielen wurde Fußball gespielt, ausgenommen 1896 und 1932.

HÖHEPUNKTE

1952: Magische Magyaren
Ungarn, auch als „Magische Magyaren" bezeichnet, erwies sich als bestes Team im Weltfußball und schlug Jugoslawien im Finale von Helsinki (Finnland) mit 2:0.

1996: Erstmals Olympiasieger
Die USA gewannen das erste Frauenturnier bei Olympischen Spielen. Nigeria holte als erstes Team aus Afrika olympisches Gold bei den Männern.

2020: Goldenes Kanada
Kanadas Frauen gewannen ihren ersten olympischen Titel durch einen Sieg gegen Schweden. Nachdem es auch nach der Verlängerung 1:1 gestanden hatte, gewann Kanada das Elfmeterschießen mit 3:2.

Weltmeisterschaft der **Frauen**

1970 gewann Dänemark eine inoffizielle Weltmeisterschaft der Frauen in Italien.

📊 FAKTEN ZUM TURNIER

Erste Austragung: 1991
Weltfußballverband: FIFA
Teilnehmer: 24

Qualifikationsturniere in allen Konföderationen ermitteln die 24 Teams für die Endrunde der FIFA Fußballweltmeisterschaft der Frauen.

Die erste FIFA Fußballweltmeisterschaft der **Frauen** fand 1991 statt. Das Turnier wird seither alle **4 Jahre** ausgetragen.

Alex Morgan stemmt mit ihren Mannschaftskolleginnen den Pokal in die Höhe. Die USA hatten sich bei der WM 2019 in Frankreich im Finale mit 2:0 gegen die Niederlande durchgesetzt und sich zum vierten Mal zum Weltmeister gekrönt – Rekord! Megan Rapinoe (Trikotnummer 15) wurde mit dem „Goldenen Ball" als beste Spielerin des Turniers ausgezeichnet.

HÖHEPUNKTE

1991: Erster Weltmeister
Durch zwei Tore von Michelle Akers schlugen die USA im ersten WM-Finale der Frauen Norwegen mit 2:1. Austragungsort war Guangzhou in China.

2007: Titelverteidigung
Durch Tore von Birgit Prinz und Simone Laudehr verteidigten Deutschlands Frauen mit einem 2:0-Finalsieg über Brasilien ihren 2003 gewonnenen Titel.

2011: Japan jubelt
Japans Frauen wurden die ersten Weltmeisterinnen aus Asien. Im Finale von Frankfurt besiegten sie die US-Frauen mit 3:1 im Elfmeterschießen.

HÖHEPUNKTE

1960: Meisterhaftes Madrid
Mit seinen Stars Alfredo Di Stéfano (3 Tore) und Ferenc Puskás (2 Tore) schlug Real Madrid im Finale Eintracht Frankfurt mit 7:3 – der fünfte Titelgewinn in Folge.

1973: Holländischer Meister
Ajax Amsterdam besiegte im Finale von Belgrad (Serbien) Juventus Turin mit 1:0 und gewann als erstes Team seit Real Madrid drei Titel hintereinander.

2018: Ronaldos Rekord
Real Madrid ist mit 13 Titeln Rekordsieger – das letzte Mal holten die Spanier 2018 den Titel. Christiano Ronaldo ist der Rekordtorschütze des Turniers

2021 gab es den zweiten Champions League Titel für Chelsea nach einem englischen Finale gegen Manchester City. De Mittelfeldspieler Kai Havertz schoss da einzige Tor in diesem hochintensiver Fußballspiel

380 Mio. Zuschauer sahen das Finale 2018 am Fernseher. Rekord!

UEFA Champions
League

Das Turnier wurde von 1956 bis 1992 als Europapokal der Landesmeister ausgetragen und
gilt heute als **wichtigster Vereins-
wettbewerb** der Welt.

📊 FAKTEN ZUM TURNIER

Erste Austragung: 1956
Kontinentalverband: UEFA
Teilnehmer: 78 (mit Qualifikation)

Die Topteams aus den Landes-
verbänden der UEFA qualifizieren
sich für das Turnier. Nach einer
Gruppenphase mit 32 Teams folgt die
K.-o.-Phase mit Hin- und Rückspiel.

Copa
Libertadores

Die erstmals 1960 und seither alljährlich ausgetragene **Copa Libertadores** ermittelt den besten Klub **Südamerikas**.

Von Pelé (rechts in Weiß) inspiriert kam der brasilianische Klub FC Santos zum zweiten Sieg in Folge, als man Argentiniens Boca Juniors im Finale 1963 mit insgesamt 5:3 schlug.

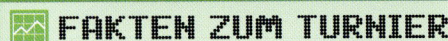

FAKTEN ZUM TURNIER

Erste Austragung:
1960

Kontinental-verband:
CONMEBOL

Teilnehmer:
47 (mit Qualifikation)

Die Topteams aus den Landes-verbänden qualifizieren sich für das Turnier. Nach einer Gruppenphase mit 32 Teams folgen die K.-o.-Spiele.

1996: Double für River Plate
River Plate drehte ein 0:1 aus dem Hinspiel und schlug Kolumbiens Klub América mit insgesamt 2:1. Es war River Plates zweiter Titel.

2005: Brasilianisches Finale
São Paulo bezwang im Finale Atlético Paranaense mit 5:1 nach Hin- und Rückspiel. Erstmals bestritten zwei brasilianische Teams das Endspiel.

2021: Siegesserie
In einem rein brasilianischen Finale siegte Palmeiras gegen Flamengo mit 2:1 und holte sich den Titel das zweite Jahr in Folge.

Der Argentinier Carlos Bianchi gewann als einziger Trainer die Trophäe vier Mal.

Ehrentafel

 FIFA WELTMEISTERSCHAFT

SIEGER

- 🏆 **1930:** Uruguay
- 🏆 **1934:** Italien
- 🏆 **1938:** Italien
- 🏆 **1950:** Uruguay
- 🏆 **1954:** Deutschland
- 🏆 **1958:** Brasilien
- 🏆 **1962:** Brasilien
- 🏆 **1966:** England
- 🏆 **1970:** Brasilien
- 🏆 **1974:** Deutschland
- 🏆 **1978:** Argentinien
- 🏆 **1982:** Italien
- 🏆 **1986:** Argentinien
- 🏆 **1990:** Deutschland
- 🏆 **1994:** Brasilien
- 🏆 **1998:** Frankreich
- 🏆 **2002:** Brasilien
- 🏆 **2006:** Italien
- 🏆 **2010:** Spanien
- 🏆 **2014:** Deutschland
- 🏆 **2018:** Frankreich

MEISTE TORE IN EINEM SPIEL

5 – Oleg Salenko
Russland – Kamerun
(1994)

MEISTE GEWONNENE TITEL

 Brasilien – 5
(1958, 1962, 1970, 1994, 2002)

 Deutschland – 4
(1954, 1974, 1990, 2014)

 Italien – 4
(1934, 1938, 1982, 2006)

 Uruguay – 2
(1930, 1950)

 Argentinien – 2
(1978, 1986)

 Frankreich – 2
(1998, 2018)

 England – 1
(1966)

 Spanien – 1
(2010)

MEISTE TORE IN EINEM FINALE

3
Geoff Hurst

England – Deutschland
(1966)

MEISTE TORE IN EINEM TURNIER

- ⚽ **Just Fontaine – 13**
  (Frankreich, 1958)
- ⚽ **Sándor Kocsis – 11**
  (Ungarn, 1954)
- ⚽ **Gerd Müller – 10**
  (Deutschland, 1970)
- ⚽ **Eusébio – 9**
  (Portugal, 1966)
- ⚽ **Guillermo Stábile – 8**
  (Uruguay, 1930)
- ⚽ **Ronaldo – 8**
  (Brasilien, 2002)

UEFA EUROPAMEISTERSCHAFT

SIEGER

- 🏆 **1960:** Sowjetunion
- 🏆 **1964:** Spanien
- 🏆 **1968:** Italien
- 🏆 **1972:** Deutschland
- 🏆 **1976:** Tschechoslowakei
- 🏆 **1980:** Deutschland
- 🏆 **1984:** Frankreich
- 🏆 **1988:** Niederlande
- 🏆 **1992:** Dänemark
- 🏆 **1996:** Deutschland
- 🏆 **2000:** Frankreich
- 🏆 **2004:** Griechenland
- 🏆 **2008:** Spanien
- 🏆 **2012:** Spanien
- 🏆 **2016:** Portugal
- 🏆 **2020:** Italien

MEISTE TORE IN EINEM TURNIER

- ⚽ **9 – Michel Platini** (Frankreich, 1984)
- ⚽ **6 – Antoine Griezmann** (Frankreich, 2016)
- ⚽ **5 – Marco van Basten** (Niederlande, 1988)
  Alan Shearer (England, 1996)
  Patrick Kluivert (Niederlande, 2000)
  Savo Milošević (Jugoslawien, 2000)
  Milan Baroš (Tschechien, 2004)
  Cristiano Ronaldo (Portugal, 2020)
  Patrik Schick (Tschechien, 2020)

Portugal gewann **2019** das erste Finale der **UEFA Nations League**.
An dem Turnier nehmen alle 55 Mitgliedsverbände der UEFA teil.

COPA AMÉRICA

SIEGER

- 🏆 **1916:** Uruguay
- 🏆 **1917:** Uruguay
- 🏆 **1919:** Brasilien
- 🏆 **1920:** Uruguay
- 🏆 **1921:** Argentinien
- 🏆 **1922:** Brasilien
- 🏆 **1923:** Uruguay
- 🏆 **1924:** Uruguay
- 🏆 **1925:** Argentinien
- 🏆 **1926:** Uruguay
- 🏆 **1927:** Argentinien
- 🏆 **1929:** Argentinien
- 🏆 **1935:** Uruguay
- 🏆 **1937:** Argentinien
- 🏆 **1939:** Peru
- 🏆 **1941:** Argentinien
- 🏆 **1942:** Uruguay
- 🏆 **1945:** Argentinien
- 🏆 **1946:** Argentinien
- 🏆 **1947:** Argentinien
- 🏆 **1949:** Brasilien
- 🏆 **1953:** Paraguay
- 🏆 **1955:** Argentinien
- 🏆 **1956:** Uruguay
- 🏆 **1957:** Argentinien
- 🏆 **1959:** Argentinien
- 🏆 **1959:** Uruguay*
- 🏆 **1963:** Bolivien
- 🏆 **1967:** Uruguay
- 🏆 **1975:** Peru
- 🏆 **1979:** Paraguay
- 🏆 **1983:** Uruguay
- 🏆 **1987:** Uruguay
- 🏆 **1989:** Brasilien
- 🏆 **1991:** Argentinien
- 🏆 **1993:** Argentinien
- 🏆 **1995:** Uruguay
- 🏆 **1997:** Brasilien
- 🏆 **1999:** Brasilien
- 🏆 **2001:** Kolumbien
- 🏆 **2004:** Brasilien
- 🏆 **2007:** Brasilien
- 🏆 **2011:** Uruguay
- 🏆 **2015:** Chile
- 🏆 **2016:** Chile
- 🏆 **2019:** Brasilien
- 🏆 **2021:** Argentinien

* Ein zusätzliches Turnier 1959

MEISTE TITEL ALS TRAINER

6

Guillermo Stábile
(Argentinien)
1941, 1945, 1946, 1947, 1955, 1957

MEISTE GEWONNENE TITEL

 Uruguay 15

 **Argentinien** 15

 **Brasilien** 9

📈 AFRIKAMEISTERSCHAFT

SIEGER

🏆 **1957**: Ägypten

🏆 **1959**: Ägypten

🏆 **1962**: Äthiopien

🏆 **1963**: Ghana

🏆 **1965**: Ghana

🏆 **1968**: DR Kongo

🏆 **1970**: Sudan

🏆 **1972**: VR Kongo

🏆 **1974**: Zaire

🏆 **1976**: Marokko

🏆 **1978**: Ghana

🏆 **1980**: Nigeria

🏆 **1982**: Ghana

🏆 **1984**: Kamerun

🏆 **1986**: Ägypten

🏆 **1988**: Kamerun

🏆 **1990**: Algerien

🏆 **1992**: Elfenbeinküste

🏆 **1994**: Nigeria

🏆 **1996**: Südafrika

🏆 **1998**: Ägypten

🏆 **2000**: Kamerun

🏆 **2002**: Kamerun

🏆 **2004**: Tunesien

🏆 **2006**: Ägypten

🏆 **2008**: Ägypten

🏆 **2010**: Ägypten

🏆 **2012**: Sambia

🏆 **2013**: Nigeria

🏆 **2015**: Elfenbeinküste

🏆 **2017**: Kamerun

🏆 **2019**: Algerien

🏆 **2022**: Senegal

MEISTE TORE IN EINEM TURNIER

⚽ **Ndaye Mulamba – 9**
(Zaire, 1974)

⚽ **Laurent Pokou – 8**
(Elfenbeinküste, 1970)

⚽ **Benny McCarthy – 7**
(Südarfrika, 1998)

⚽ **Vincent Aboubakar – 8**
(Kamerun, 2022)

⚽ **Hossam Hassan – 7**
(Ägypten, 1998)

⚽ **Laurent Pokou – 6**
(Elfenbeinküste, 1968)

📈 ASIENMEISTERSCHAFT

SIEGER

🏆 **1956**: Südkorea

🏆 **1960**: Südkorea

🏆 **1964**: Israel

🏆 **1968**: Iran

🏆 **1972**: Iran

🏆 **1976**: Iran

🏆 **1980**: Kuwait

🏆 **1984**: Saudi-Arabien

🏆 **1988**: Saudi-Arabien

🏆 **1992**: Japan

🏆 **1996**: Saudi-Arabien

🏆 **2000**: Japan

🏆 **2004**: Japan

🏆 **2007**: Irak

🏆 **2011**: Japan

🏆 **2015**: Australien

🏆 **2019**: Katar

MEISTE GEWONNENE TITEL

 **Japan**
4

 **Iran**
3

 **Saudi-Arabien**
3

OLYMPISCHE SPIELE

SIEGER

- 🏆 **1900:** Großbritannien
- 🏆 **1904:** Kanada
- 🏆 **1908:** Großbritannien
- 🏆 **1912:** Großbritannien
- 🏆 **1920:** Belgien
- 🏆 **1924:** Uruguay
- 🏆 **1928:** Uruguay
- 🏆 **1932:** *Kein Turnier*
- 🏆 **1936:** Italien
- 🏆 **1948:** Schweden
- 🏆 **1952:** Ungarn
- 🏆 **1956:** Sowjetunion
- 🏆 **1960:** Jugoslawien
- 🏆 **1964:** Ungarn
- 🏆 **1968:** Ungarn
- 🏆 **1972:** Polen
- 🏆 **1976:** DDR
- 🏆 **1980:** Tschechoslowakei
- 🏆 **1984:** Frankreich
- 🏆 **1988:** Sowjetunion
- 🏆 **1992:** Spanien
- 🏆 **1996:** Nigeria (Männer) USA (Frauen)
- 🏆 **2000:** Kamerun (M) Norwegen (F)
- 🏆 **2004:** Argentinien (M) USA (F)
- 🏆 **2008:** Argentinien (M) USA (F)
- 🏆 **2012:** Mexiko (M) USA (F)
- 🏆 **2016:** Brasilien (M) Deutschland (F)
- 🏆 **2020:** Brasilien (M) Kanada (F)

FRAUEN: MEISTE GEWONNENE TITEL

 USA 4

 Norwegen 1

 Deutschland 1

 Kanada 1

MÄNNER: MEISTE GEWONNENE TITEL

 Großbritannien 3

 Ungarn 3

 Argentinien 2

 Sowjetunion 2

 Brasilien 2

FRAUEN: MEISTE TORE IN EINEM TURNIER

⚽ **Vivianne Miedema – 10** (Niederlande, 2020)

⚽ **Christine Sinclair – 6** (Kanada, 2012)

⚽ **Barbara Banda – 6** (Sambia, 2020)

⚽ **Ellen White – 6** (Großbritannien, 2020)

⚽ **Sam Kerr – 6** (Australien, 2020)

FIFA WM DER FRAUEN

SIEGER

- 🏆 **1991:** USA
- 🏆 **1995:** Norwegen
- 🏆 **1999:** USA
- 🏆 **2003:** Deutschland
- 🏆 **2007:** Deutschland
- 🏆 **2011:** Japan
- 🏆 **2015:** USA
- 🏆 **2019:** USA

MEISTE TORE IN EINEM TURNIER

⚽ **Michelle Akers – 10** (USA, 1991)

⚽ **Heidi Mohr – 7** (Deutschland, 1991)

⚽ **Sissi – 7** (Brasilien, 1999)

⚽ **Sun Wen – 7** (China, 1999)

⚽ **Birgit Prinz – 7** (Deutschland, 2003)

MEISTE GEWONNENE TITEL

 USA 4

 Deutschland 2

 **Norwegen** 1

 Japan 1

Die **US-Amerikanerin Carli Lloyd** erzielte 2015 gegen Japan den **schnellsten Hattrick** in einem **WM-Finale**.

UEFA CHAMPIONS LEAGUE

SIEGER

🏆 **1956**: Real Madrid
🏆 **1957**: Real Madrid
🏆 **1958**: Real Madrid
🏆 **1959**: Real Madrid
🏆 **1960**: Real Madrid
🏆 **1961**: Benfica Lissabon
🏆 **1962**: Benfica Lissabon
🏆 **1963**: AC Mailand
🏆 **1964**: Inter Mailand
🏆 **1965**: Inter Mailand
🏆 **1966**: Real Madrid
🏆 **1967**: Celtic Glasgow
🏆 **1968**: Manchester United
🏆 **1969**: AC Mailand
🏆 **1970**: Feyenoord
🏆 **1971**: Ajax Amsterdam
🏆 **1972**: Ajax Amsterdam
🏆 **1973**: Ajax Amsterdam
🏆 **1974**: Bayern München
🏆 **1975**: Bayern München
🏆 **1976**: Bayern München
🏆 **1977**: FC Liverpool
🏆 **1978**: FC Liverpool

🏆 **1979**: Nottingham Forest
🏆 **1980**: Nottingham Forest
🏆 **1981**: FC Liverpool
🏆 **1982**: Aston Villa
🏆 **1983**: Hamburger SV
🏆 **1984**: FC Liverpool
🏆 **1985**: Juventus Turin
🏆 **1986**: Steaua Bukarest
🏆 **1987**: FC Porto
🏆 **1988**: PSV Eindhoven
🏆 **1989**: AC Mailand
🏆 **1990**: AC Mailand
🏆 **1991**: Roter Stern Belgrad
🏆 **1992**: FC Barcelona
🏆 **1993**: Marseille
🏆 **1994**: AC Mailand
🏆 **1995**: Ajax Amsterdam
🏆 **1996**: Juventus Turin
🏆 **1997**: Borussia Dortmund
🏆 **1998**: Real Madrid
🏆 **1999**: Manchester United

🏆 **2000**: Real Madrid
🏆 **2001**: Bayern München
🏆 **2002**: Real Madrid
🏆 **2003**: AC Mailand
🏆 **2004**: FC Porto
🏆 **2005**: FC Liverpool
🏆 **2006**: FC Barcelona
🏆 **2007**: AC Mailand
🏆 **2008**: Manchester United
🏆 **2009**: FC Barcelona
🏆 **2010**: Inter Mailand
🏆 **2011**: FC Barcelona
🏆 **2012**: FC Chelsea
🏆 **2013**: Bayern München
🏆 **2014**: Real Madrid
🏆 **2015**: FC Barcelona
🏆 **2016**: Real Madrid
🏆 **2017**: Real Madrid
🏆 **2018**: Real Madrid
🏆 **2019**: FC Liverpool
🏆 **2020**: Bayern München
🏆 **2021**: FC Chelsea

MEISTE TORE
IN EINEM TURNIER

Cristiano Ronaldo – 17
(Real Madrid, Spanien –
2015/16)

Cristiano Ronaldo – 16
(Real Madrid, Spanien –
2013/14)

Cristiano Ronaldo – 15
(Real Madrid, Spanien –
2017/18)

Robert Lewandowski – 15
(Bayern München,
Deutschland – 2019/20)

José Altafini – 14
(AC Mailand, Italien –
1962/63)

Lionel Messi – 14
(FC Barcelona, Spanien –
2011/12)

Ferenc Puskás – 12
(Real Madrid, Spanien –
1959/60)

Gerd Müller – 12
(Bayern München,
Deutschland – 1972/73)

Ruud van Nistelrooy – 12
(Manchester United,
England – 2002/03)

Lionel Messi – 12
(FC Barcelona, Spanien –
2010/11 und 2018/19)

Cristiano Ronaldo – 12
(Real Madrid, Spanien –
2018/19)

COPA LIBERTADORES

SIEGER

- 1960: Peñarol
- 1961: Peñarol
- 1962: Santos
- 1963: Santos
- 1964: Independiente
- 1965: Independiente
- 1966: Peñarol
- 1967: Racing
- 1968: Estudiantes
- 1969: Estudiantes
- 1970: Estudiantes
- 1971: Nacional
- 1972: Independiente
- 1973: Independiente
- 1974: Independiente
- 1975: Independiente
- 1976: Cruzeiro
- 1977: Boca Juniors
- 1978: Boca Juniors
- 1979: Olimpia
- 1980: Nacional

- 1981: Flamengo
- 1982: Peñarol
- 1983: Grêmio
- 1984: Independiente
- 1985: Argentinos Juniors
- 1986: River Plate
- 1987: Peñarol
- 1988: Nacional
- 1989: Atlético Nacional
- 1990: Olimpia
- 1991: Colo-Colo
- 1992: São Paulo
- 1993: São Paulo
- 1994: Vélez Sársfield
- 1995: Grêmio
- 1996: River Plate
- 1997: Cruzeiro
- 1998: Vasco da Gama
- 1999: Palmeiras
- 2000: Boca Juniors
- 2001: Boca Juniors
- 2002: Olimpia

- 2003: Boca Juniors
- 2004: Once Caldas
- 2005: São Paulo
- 2006: Internacional
- 2007: Boca Juniors
- 2008: LDU Quito
- 2009: Estudiantes
- 2010: Internacional
- 2011: Santos
- 2012: Corinthians
- 2013: Atlético Mineiro
- 2014: San Lorenzo
- 2015: River Plate
- 2016: Atlético Nacional
- 2017: Grêmio
- 2018: River Plate
- 2019: Flamengo
- 2020: Palmeiras
- 2021: Palmeiras

MEISTE TORE
IN EINEM TURNIER

- **Daniel Onega — 17**
  (River Plate, Argentinien – 1966)
- **Luizão — 15**
  (Corinthians, Brasilien – 2000)
- **Norberto Raffo — 14**
  (Racing, Argentinien – 1967)
- **Palhinha — 13**
  (Cruzeiro, Brasilien – 1976)
- **Mário Jardel — 12**
  (Grêmio, Brasilien – 1995)

MEISTE TITEL
PRO LAND:

 25 Argentinien

 21 Brasilien

 8 Uruguay

 3 Kolumbien

 3 Paraguay

 1 Chile

 1 Ecuador

MEISTE GEWONNENE
TITEL

Independiente
(Argentinien) — 7

Boca Juniors
(Argentinien) — 6

Peñarol
(Uruguay) — 5

Estudiantes
(Argentinien) — 4

River Plate
(Argentinien) — 4

Glossar

Hier werden einige wichtige Begriffe erklärt, die sich auf das Spielfeld, die Fußballregeln oder die Spieltaktik beziehen.

Abseitsfalle

Spielzug, bei dem die auf einer Linie stehende Abwehrreihe schnell geschlossen vorrückt und den Gegner so ins Abseits stellt.

Abstoß

Der Torwart oder ein anderer Spieler schlägt den ruhenden Ball aus dem Torraum ins Spielfeld, wenn der Ball zuvor von einem angreifenden Spieler über die Torauslinie gespielt wurde.

Anstoß

Wird zu Beginn jeder Halbzeit und nach jedem Tor von Spielern am Anstoßpunkt ausgeführt.

Anstoßkreis

Kreisförmige Markierung in der Mitte des Spielfelds mit dem Anstoßpunkt.

Anstoßpunkt

Markierung in der Spielfeldmitte, auf der der Ball beim Anstoß liegen muss.

Ausputzer

Früher letzter Abwehrspieler vor dem Torwart, der kritische Situationen klärte.

Auswärtsspiel

Ein Spiel im Stadion des Gegners.

Auswechselbank

Die Sitzreihe neben dem Spielfeld für Auswechselspieler und Trainerstab.

Auswechslung

Der Austausch von Spielern während eines Spiels. Bei Pflichtspielen dürfen normalerweise bis zu drei Spieler pro Team ausgetauscht werden.

Ballannahme

Erster Kontakt eines Spielers mit dem Ball, um ihn unter Kontrolle zu bringen.

Coaching-Zone

Der Bereich außerhalb der Seitenauslinie, von dem aus der Trainer seinem Team Anweisungen gibt, während das Spiel läuft.

Eckviertelkreis

Der Viertelkreis in jeder Spielfeldecke, aus dem der Eckstoß erfolgt.

Eigentor

Ein Eigentor ist erzielt, wenn ein Spieler ungewollt ins eigene Tor trifft. Meist wurde der Ball dabei von ihm abgefälscht.

Einwurf

Wird vom Schiedsrichter an der Seitenauslinie gegeben, wenn der Ball seitlich aus dem Spielfeld geschossen wurde. Dabei muss der Ball ins Spiel zurückgeworfen werden, wobei beide Füße auf oder hinter der Seitenauslinie stehen müssen.

Elfmeterschießen

Methode, in einem K.-o.-Wettbewerb einen Sieger zu ermitteln, wenn das Spiel unentschieden ausgegangen ist.

Halbzeitpause

Die 15-minütige Pause zwischen den beiden Halbzeiten.

Handspiel

Ein Regelverstoß, bei dem ein Spieler den Ball absichtlich mit der Hand oder dem Arm berührt. Das gilt nicht für den Torwart im eigenen Strafraum.

Hattrick

Drei Tore, die ein Spieler in Folge in einer Halbzeit erzielt.

Klären

Ein Spieler klärt einen Ball, wenn er einen gefährlichen Angriff abwehrt und den Ball aus der Gefahrenzone schlägt oder köpft.

Kurzer Pfosten

Der Torpfosten, der näher zum Ball ist.

Langer Pfosten

Der Torpfosten, der weiter vom Ball entfernt ist.

Manndeckung

Abwehrstrategie, bei der jeder Spieler einen Gegenspieler bewacht.

Mauer

Kette aus dicht nebeneinanderstehenden Spielern, die bei einem Freistoß verhindern sollen, dass der Ball ins Tor fliegt.

Nachspielzeit

Die Zeit, um die jede Halbzeit verlängert wird, wenn das Spiel wegen Verletzungen, Fouls, Auswechslungen und anderen Vorfällen unterbrochen wurde.

Platzverweis

Bei schweren Regelverstößen zeigt der Schiedsrichter einem Spieler die rote Karte, der danach sofort den Platz verlassen muss.

Querpass

Zuspiel, bei dem der Ball quer zur Spielrichtung über den Platz geschlagen wird.

Raumdeckung

Eine Abwehrstrategie, bei der jeder Spieler eine bestimmte Spielfeldzone verteidigt.

Seitenauslinie

Die beiden Linien, die das Spielfeld der Länge nach begrenzen.

Spielmacher

Ein Mittelfeldspieler, der Angriffszüge einleitet und Chancen zum Torschuss erarbeitet.

Spielsystem

Taktische Vorgabe, die die Anordnung der Spieler auf dem Spielfeld festlegt und die Spielweise bestimmt.

Standardsituation

Einwurf, Eckstoß, Freistoß und Strafstoß sind z. B. Standardsituationen. Dabei ruht der Ball und man kann ihn unbehindert spielen. Sie führen oft zu guten Torchancen.

Taktisches Foul

Wird begangen, um einen Spielzug des Gegners zu unterbinden und Zeit für die Ordnung des eigenen Teams zu gewinnen.

Torauslinie

Die Linien zwischen den Torpfosten und den Eckfahnen.

Torlinie

Die Linie zwischen den Torpfosten. Ein Tor wird gegeben, wenn der Ball die Torlinie in vollem Umfang überquert hat.

Torvorlage

Pass zu einem Mitspieler, der diesen zu einem Tor verwertet.

Verlängerung

Ausdehnung der Spielzeit um zweimal 15 Minuten, wenn nach der regulären Spielzeit kein Sieger feststeht.

Verwarnung

Die gelbe Karte, die der Schiedsrichter wegen eines Fouls oder anderer Regelverstöße zeigt.

Viererkette

Abwehrlinie aus zwei Innen- und zwei Außenverteidigern, die sich vor ihrem Tor postieren, um Angriffe abzufangen.

Weiße Weste

In einem Spiel ohne Gegentor hat das Team eine weiße Weste bewahrt.

Zuspiel

Ein Pass, mit dem man den Ball zu einem Mitspieler weiterleitet.

REGISTER

Fett gedruckte Seitenzahlen verweisen auf Haupteinträge.

A

Abseitsregel 21, 33, **36–37**, 85
Abwehr 37, 41, 67, 68, 74, **76–77**, 87
    Freistöße 41
    Mittelfeld 78, 79
    Standardsituationen 87, **88–89**
    siehe auch Spielsysteme
AFC 13, 124, 136
Afrika 10, 11, 12, 127
    Afrikameisterschaft **122–123**, 136
Ägypten 10, 123
Ajax Amsterdam 91, 130
Akers, Michelle 129
Algerien 122–123, 136
Allianz Arena 100
Angriff 66, **80–81**, 89
    Abseitsregel **36–37**
    Mittelfeld 78, 79
    Standardsituationen 86–89
    siehe auch Spielsysteme
Ansprache 35, 101
Anstoß 21, 34, 35
Argentinien 10, 52, 60, 133
    Copa América 121, 135
    Olympische Spiele 137
    Spieler 103, 117
    Weltmeisterschaft 117
Asien 13
    Asienmeisterschaft **124–125**, 136
    Weltmeisterschaft 129
Aston, Kevin 46
Atlético Paranaense 133
Ausrüstung
    Dress 20, **26–27**
    Schuhe **28–29**
Außenstürmer *siehe* Flügelstürmer
Außenverteidiger 76, 77, 82, 83, 85
Australien 11, 13, 124
Auswärtsmannschaft 26, 34, 111

B

Ball 20, 21, **24–25**, 53
    Annahme 28, 41, **56–57**, 104
    Dribbling **60–61**
    Fouls 39
    Geschichte 7, 9
    Kopfball **66–67**
    Pässe 50, **58–59**
    Schießen 62f.
    Tackling **68–69**, 51
    Volley **64–65**
Basten, Marco van 119
Bayern München 52, 92, 100
Beckenbauer, Franz 77
Bianchi, Carlos 133
Boca Juniors 132, 133, 139
Bosque, Vicente del 91
Brasilien 16, 17, 39, 42, 52
    Copa América 121, 135
    Olympische Spiele 127
    Weltmeisterschaft 84, 116, 134
Bundesliga 17, 38, 53, 99

C

CAF 12, 122
Casillas, Iker 74
Catenaccio 85, 90
Champions League 59, 74, 83, **130–131**, 138
Chapman, Herbert 90
Chile 120
China 6, 10, 17
CONCACAF 12
CONMEBOL 12, 120, 132
Copa América **120–121**, 135
Copa Del Rey 74
Copa Libertadores **132–133**, 139
Cruyff, Johan 79
Cuju **6–7**, 16

D

Dänemark 10, 128
Davies, Alphonso 71
Deutschland 15, 16, 49, 137
    Allianz Arena 100
    Bundesliga 17, 38, 53, 99
    Europameisterschaft 118, 119
    Weltmeisterschaft 129, 134
Diagonalsystem 33

E

Eckstöße 21, 40, **44–45**, 53, 70, 86, 88
Einwurf 21, 33
Eisbäder 108
Elfenbeinküste 15
Elfmeter 22, 23, 38, 70
    Asienmeisterschaft 124
    Copa América 120
    Elfmeterschießen 42, 43, 53
    Olympische Spiele 127
    Schüsse 21, **42–43**
    Weltmeisterschaft (Frauen) 129
England 8, 10, 14, 49, 99, 134
    Premier League 17, 38, 45, 53, 70, 93, 103
Engler, Christiane 75
Ersatzspieler 33, 98
Eton Field Game 9
Europa 12, 17, 38, 8
    Europapokal der Landesmeister *siehe* Champions League
Europameisterschaft **118–119**

F

Fans 5, 100, **110–111**, 112
FC Barcelona 59, 91, 92, 112
FC Liverpool 130, 131, 138
FC Santos 132
FC São Paolo 133
Fernsehen 15, 17, 130
Ferreyra, Bernabé 103
FIFA 11, 13, 16, 17
    Weltmeisterschaft (Frauen) **128–129**, 137
    Weltmeisterschaft (Männer) 39, 42, 45, 49, 53, 66, 75, **116–117**, 134
Fitness 51, 103, 104, 107
Flügelstürmer 80, 81
Flüssigkeitsverlust 105
Fontaine, Just 71, 134
Fouls 21, **38–39**, 40
    Karte, rote und gelbe **46–47**
Frankreich 14, 17, 99, 116, 118–119, 134
Ligue 1 38, 53, 70, 99
Frauenfußball **14–15**, 16
    Olympische Spiele 126, 127
Freistöße 21, 31, 36, 38, **40–41**, 70, 75, 87
Fußballgeschichte **6–9**, 22, 24, 26, 29

G

Gehalt 102
Gelbe Karte 30, 46, 47
Gomes, Elton 70
Guardiola, Pep 91
Gullit, Ruud 119
Gündogan, Ilkay 78

H

Haiti 10
Halbzeit 71
Hattrick 134, 137, 140
Heimmannschaft 26, 93, 111, 121, 127
Herrera, Helenio 90
Hin- und Rückspiel 121, 132, 133
Hout, Kristof Van 70
Hurst, Geoff 134

I

Ibrahimović, Zlatan 71
Indien 17
Indonesien 17
Innenverteidiger 76, 77
Inter Mailand 90
Irak 125
Israel 10
Italien 14
    Serie A 17, 38, 52, 53, 70
    Weltmeisterschaft 116, 134

J

Japan 6, 15, 124, 125, 129, 136, 137
Jugendmannschaften 17

K

Kaltz, Manfred 53
Kamerun 52, 123
Kanada 10, 16
Kapitän 101
Katar 124–125, 136

King, Thomas 70
Klären 68
Klopp, Jürgen 91
Koeman, Ronald 77
Kolumbien 39
Kommunikation 30, 31, 32, 33, 37, **46–47**
Kopfball **66–67**, 71, 86, 93
Kraft 105

L

Laudehr, Simone 129
Laufen 51, 77, 80
Libero 76, 77, 85
Ligen 14, 17, 38, 53, 70, 99
    Spieler 113
Ligue 1 38, 53, 70, 99
Linien 45, 76, 87, 88
Lopes, Éder 118

M

Mannschaft 34, 35, 73, 99
Maradona, Diego 60, 116
Mbappé, Kylian 116
Medien 98, 116, 130
    Übertragungsrechte 17
Medizinische Untersuchungen 103
Mentale Vorbereitung 34
Merchandising 52
Mesoamerikanisches Ballspiel 7, 16
Messi, Lionel 138
Mexiko 121
Michels, Rinus 91
Milla, Roger 123
Mittelfeldspieler **78–79**, 82, 83, 84, 85, 91
Morgan, Alex 128–129
Motivation 99
Muskeln 71, 105, 108

N

Neuseeland 10
Niederlande 10, 79, 91, 119
Nigeria 17, 127
Nordamerika 10, 12
Norwegen 127, 137

O

OFC 13
Olympische Spiele **126–127**, 137

P

Pakistan 10
Palästina 10
Paraguay
    Copa América 121
Pässe 37, 50, **58–59**, 70, 78, 90, 92
Pelé 63, 132
Physiotherapeut 96, 107
Platini, Michel 119
Portugal 118–119
Premier League 17, 38, 45, 53, 70, 93, 103
Primera Division 17, 38, 53, 70, 99
Prinz, Birgit 129
Puskás, Ferenc 81, 130, 138

R

Raumdeckung 87
Rapinoe, Megan 129
Real Madrid 81, 112, 130, 131
River Plate 103, 113, 133
Ronaldo, Cristiano 71, 131, 138
Rossi, Paolo 116
Rote Karte 30, 46, 47, 52
Roux, Guy 98

S

Samuelsen, Joan 71
Saudi-Arabien 124, 136
Schiedsrichter 19, 20, **30–31**, 33, 35, 37
    Freistöße 36, 40
    Karten **46–47**
    Schiedsrichterassistenten 20, 30, **32–33**, 37
Schottland 10, 24
Schuhe **28–29**, 58
Schweden 15
Serie A 17, 38, 52, 53, 70
Simbabwe 11
Spanien 38, 70, 91, 74, 134
    Europameisterschaft 119
    Primera Division 17, 38, 53, 70, 99
Spiel 20
    internationale 10, **114–139**
    Vorbereitung auf **34–35**,

Spieler 16, 20, 34, 108
    Abseits 21, **36–37**
    größte 70
    Kabine 101
    kleinste 70
    schnellste 71
    Spielerberater 102, 103
    Tracking-Gerät **50–51**
    Transfers **102–103**
    Verletzungen 103, **106–107**
    Weltmeisterschaft 116
    siehe auch Stürmer, Torwart, Mittelfeldspieler
Spielerberater 102, 103
Spielfeld 20, **22–23**
    Eckviertelkreis 44
    Strafraum 45
Spielpläne 105
Spielpositionen *siehe* Spielsysteme
Spielregeln 9, **20–21**, 26, 28, 31, 36, 46
Spielsysteme **82–85**
Sprinten 51, 104
Stadien **100–101**, 113
Standardsituationen **86–89**, 104
Stéfano, Alfredo Di 81, 130
Strafstoß *siehe* Elfmeter
Strategien 90
Stürmer 36, 63, 66, **80–81**, 82, 83, 84, 85, 130
    Freistöße 40, 41
Südafrika 11, 123
Südamerika 10, 12
    Copa América **120–121**, 135
    Copa Libertadores **132–133**, 139
Super Cup, UEFA 74

T

Tackling **68–69**, 77
    Fouls 39, 47
    Verletzungen 106, 107
Thailand 15
Tikitaka 59, 91
Tore 21, 22, 53, 60, 62, 64, 71, 77, 93
    Abseitsregel 37
    Eckstöße 45, 70, 86
    Freistöße **40–41**
    Stürmer 80, 81

Tore erzielen 21, 92
Torschüsse 21
Torwart 22, 42, 43, 70, **74–75**, 89, 120, 125
    Freistöße 40
    Verletzungen 106
Totaler Fußball 91
Tracking-Technik **50–51**
Trainer 34, 90, 91, 96, 97, **98–99**, 105, 133
Training 104, 107, 108
Transfers **102–103**

U

UEFA 12, 15
    Champions League **130–131**, 138
    Europameisterschaft **118–119**, 135
Ungarn 90, 127, 137
Uruguay 52, 117, 134
    Copa América 121, 135
USA 16, 17, 75
    Copa América 121
    Frauenfußball 15, 128, 129, 137
    Olympische Spiele 127

V

Verbände **10–11**
    FA (Football Association) 9, 10, 11, 20, 29
    FIFA Weltverband 12, 16
    Kontinentalverbände 12, 13
Vereine 17, 95, **96–97**, 98, 113
    ältester 11
Verletzungen 103, **106–107**, 112
Verträge 103
Videobeweis 32

W, Z

Warm-up 35, 71
Weißrussland 11
Weltmeisterschaft (Frauen) 15, **128–129**, 137
Weltmeisterschaft (Männer) 39, 42, 49, 53, 66, 75, **116–117**
    Tore 45, 71, 86, 90, 116, 134
Zizinho 121

Dank und Bildnachweis

Der DK Verlag dankt Nick McCabe für die zusätzliche Beratung.

Der Verlag dankt folgenden Personen und Organisationen für die freundliche Genehmigung zum Abdruck von Fotos:

(Abkürzungen: o = oben, u = unten, m = Mitte, l = links, r = rechts, g = ganz, Hg = Hintergrund)

1 **Getty Images:** Dmytro Aksonov (mu). 2 **Dreamstime.com:** Tom Wang (gor). **Getty Images:** Dmytro Aksonov (mr). 3 **Alamy Stock Photo:** Fredrick Kippe (gom). **Getty Images:** Dmytro Aksonov (mlo); Dmytro Aksonov (ul); Dmytro Aksonov (m); Peter Read Miller / Contributor (gor). 4–5 **Dreamstime.com:** Tom Wang. 6–7 **Dorling Kindersley:** Stuart Jackson-Carter SJC Illustration. 7 **123RF.com:** Konstantin Kalishko (gol). 8–9 **Bridgeman Images:** National Football Museum, Manchester, UK. 9 **National Football Museum:** (gor). 10 **123RF.com:** alhovik (gor); Richard Thomas (mlu). **Getty Images:** Hulton Archive / Stringer (gol). 10–11 **123RF.com:** Andrey Kryuchkov (mu). 11 **123RF.com:** alhovik (mlu/Ball, mru/Ball); Andriy Popov (mru). **iStockphoto.com:** 4x6 (mlu). 12–13 **Getty Images:** Dmytro Aksonov. 14 **Mary Evans Picture Library:** Illustrated London News Ltd (gol). 14–15 **Rex Shutterstock:** Xinhua News Agency. 16 **123RF.com:** Gordana Damjanovic (mlu); yukipon (mu); Christos Georghiou (mru). 18–19 **Getty Images:** Dmytro Aksonov. 20 **Getty Images:** Popperfoto (mr). **iStockphoto.com:** Arkhom1983 (mu). **Mary Evans Picture Library:** (um). 20–21 **Getty Images:** David Price (u). 21 **Getty Images:** Imagno (mo); Popperfoto (ml, mu, um). 22–23 **KJA-Artists:** Jon@KJA-Artists. 23 **Pitch Heating Limited:** (um). 24 **123RF.com:** Olexandr Moroz / alexandrmoroz (mro). **SWNS.com Ltd:** (ul). 26–27 **KJA-Artists:** Jon@KJA-artists. 28–29 **Nike:** (m). 29 **iStockphoto.com:** richjem (gor). 30–31 **KJA-Artists:** Jon@KJA-artists. 30 **Getty Images:** Ian Kington (um); Visionhaus (mlo). 31 **Getty Images:** Dean Mouhtaropoulos (um); Jean-Sebastien Evrard / AFP (m). 32 **Getty Images:** NurPhoto (mru). 32–33 **Getty Images:** Dmytro Aksonov (Hg); Matthew Ashton (go). 34–35 **123RF.com:** Monika Mlynek (Stadion). **Fotolia:** Fotoedgaras

(Stopuhr). **Getty Images:** Bernhard Lang. 34 **Getty Images:** Helios de la Rubia (gol). **iStockphoto.com:** jamielawton (gom); PeopleImages (gor). 35 **Getty Images:** Gallo Images – Robbert Koene (gom); Alex Grimm / Bongarts (gor). **Rex Shutterstock:** Friedmann Vogel (gol). 36 **Getty Images:** Ben Radford (mlu). 38–39 **Getty Images:** Dmytro Aksonov. 40–41 **Rex Shutterstock:** Image Source. 41 **Rex Shutterstock:** Matthew Impey / Wired Photos (mru). 42 **Alamy Stock Photo:** Reuters (mlu). **Dreamstime.com:** Tungphoto (m). 44–45 **Getty Images:** Jamie Squire / Staff / Getty Images Sport. 46–47 **Getty Images:** Dmytro Aksonov / E+. 46 **123RF.com:** Ogm (ul). 48–49 Mit freundlicher Genehmigung von Goal-Control GmbH. 49 **Getty Images:** Cameron Spencer / Staff (gor). 50 **Catapult:** (gol). **Dorling Kindersley:** Jon@KJA-Artists (gor). 54–55 **iStockphoto.com:** E+ / Lorado. 56–57 **Getty Images:** Dmytro Aksonov. 57 **Getty Images:** Dmytro Aksonov (m). 58 **Getty Images:** Dmytro Aksonov (m). 58–59 **Getty Images:** Dmytro Aksonov. 59 **Getty Images:** Dani Pozo / Stringer / AFP (um); Dmytro Aksonov (mr); Dmytro Aksonov (ml). 60 **Getty Images:** Jean-Yves Ruszniewski / Contributor (mlu). 60–61 **Getty Images:** Dmytro Aksonov. 62–63 **Getty Images:** Dmytro Aksonov; Dmytro Aksonov (Freistoß). 63 **Getty Images:** Popperfoto / Contributor (um). 64–65 **Getty Images:** Dmytro Aksonov (Hg); Dmytro Aksonov (m). 64 **Getty Images:** Matthias Hangst / Staff (mlu). 66–67 **Getty Images:** Dmytro Aksonov (Hg); Dmytro Aksonov (m). 66 **Getty Images:** Pedro Ugarte / Staff / AFP (ml). 68–69 **Getty Images:** Dmytro Aksonov (Hg); Dmytro Aksonov (u). 72–73 **Alamy Stock Photo:** Fredrick Kippe. 74–75 **Getty Images:** Dmytro Aksonov. 74 **Getty Images:** Drew Hallowell / Stringer (ml). 77 **Getty Images:** Ullstein Bild / Contributor (gor). 79 **Getty Images:** STF / Staff / AFP (ur). 81 **Press Association Images:** (gor). 82–83 **123RF.com:** Monika Mlynek (Hg). 84 **Getty Images:** Rolls Press / Popperfoto / Contributor (um). 84–85 **123RF.com:** Monika Mlynek. 88–89 **123RF.com:** Monika Mlynek. 90 **Getty Images:** Popperfoto / Contributor (gom); Popperfoto / Contributor (mlo); Mondadori Portfolio / Contributor (mro); Popperfoto / Contributor (ur). 91 **Dorling**

Kindersley: Adam Brackenbury / Stefan Podhorodecki (r). **Getty Images:** Matthew Ashton – AMA / Contributor (gol); Jasper Juinen / Staff (mo); Popperfoto / Contributor (mlu); VI-Images / Contributor (ul); VI-Images / Contributor (mu). 93 **Dreamstime.com:** Connie Larsen (ur). 94–95 **Getty Images:** Dmytro Aksonov. 98–99 **KJA-Artists:** Jon@KJA-Artists. 100–101 **Allianz:** (mo/all images). 102 **Dreamstime.com:** Dmitry Rukhlenko (mu). **Getty Images:** Gary Burchell (mru); Yosuke Tanaka / Aflo (l). 102–103 **123RF.com:** Andrey Kryuchkov (u). 103 **Dreamstime.com:** Berean (mlu). **Getty Images:** Creative Crop / Digital Vision (mu); Yosuke Tanaka / Aflo (r). 104–105 **Getty Images:** Westend61. 104 **Rex Shutterstock:** Brad Smith / ISI / REX (mr). 105 **123RF.com:** Burak Cakmak (ur); Wavebreak Media Ltd (um). **Getty Images:** Steve Bardens-FIFA / Contributor / FIFA (gor). **Rex Shutterstock:** John Dorton / ISI / REX (ul). 106–107 **123RF.com:** Videodoctor (m). 107 **Getty Images:** Marcus Brandt / Staff / AFP (ur). 108 **Getty Images:** Stuart MacFarlane / Contributor (mlu). 108–109 **Dreamstime.com:** Libux77 (m). **Getty Images:** Image Source (u). 110–111 **Getty Images:** Dmytro Aksonov. 111 **Getty Images:** Conor Molloy / Contributor (mru). 114–115 **Getty Images:** Peter Read Miller / Contributor. 116–117 **Getty Images:** Bob Thomas / Contributor. 116 **Getty Images:** Popperfoto / Contributor (gol). **Getty Images** Jewel Samad (mro). 118–119 **Getty Images:** Mike Hewitt. 119 **Getty Images:** Getty Images / Staff (gor); AFP / Stringer (mru); Professional Sport / Contributor (mr). 120–121 **Getty Images:** Hector Vivas / Stringer. 121 **Getty Images:** Tim Clary / Staff / AFP (mru); AFP / Getty Images / Staff (mr); Popperfoto / Contributor (gor). 122–123 **Getty Images:** Ayman Aref / NurPhoto (Hg). 123 **Getty Images:** Gallo Images / Stringer (mru); Mark Thompson / Staff (mr); Bob Thomas / Contributor (gor). 124–125 **Getty Images:** Zhizhao Wu. 125 **Alamy Stock Photo:** Reuters (gor). **Rex Shutterstock:** Jurnasyanto Sukarno / EPA / REX (mr); Stringer / EPA / REX (mru). 126–127 **Getty Images:** Anne-Christine Poujoulat / AFP (Hg). 127 **Getty Images:** Abbie Parr (ur); Bob Thomas / Contributor (mr). **TopFoto.co.uk:** © 2003 Credit:

Topham / PA (gor). 128–129 **Alamy Stock Photo:** Xinhua. 129 **Getty Images:** Tommy Cheng / Staff (gor); Paul Gilham / Staff (mr). **Rex Shutterstock:** Imago / Back Page Images / REX (mru). 130–131 **Reuters:** David Ramos (Hg). 130 **Getty Images:** VI-Images / Contributor (ml). **Getty Images:** Laurence Griffiths (mlu). **TopFoto.co.uk:** © PA Photos (gol). 132–133 **Getty Images:** Popperfoto / Contributor. 133 **Getty Images:** Vanderlei Almeida / Staff (cr); Ernesto Ryan (ur); Sergio Goya Stringer (gor). 134–135 **Dreamstime.com:** Donkeyru. 136–137 **Dreamstime.com:** Donkeyru. 138–139 **Dreamstime.com:** Donkeyru. 141 **iStockphoto.com:** Dmytro Aksonov (ur).

Cover: *Vorn und Hinten:* **Dreamstime.com:** Agencyby (Pokal), Burlesck (Fußball), Kirsty Pargeter (Hg). *Vorn:* **123RF.com:** Andres Rodriguez (mr), Allan Swart (r). **Dreamstime.com:** Michaelnivelet (m)/(Netz), Pixattitude (mu); **iStockphoto.com:** Dmytro Aksonov (ugr), peepo (ul); **Nike:** (ur). *Hinten:* **iStockphoto.com:** Dmytro Aksonov (r); **KJA-Artists:** Jon@KJA-artists (ul); **SWNS.com Ltd:** (mlo). *Rücken:* **iStockphoto.com:** Dmytro Aksonov (g).

Alle anderen Abbildungen © Dorling Kindersley Weitere Informationen unter **www.dkimages.com**

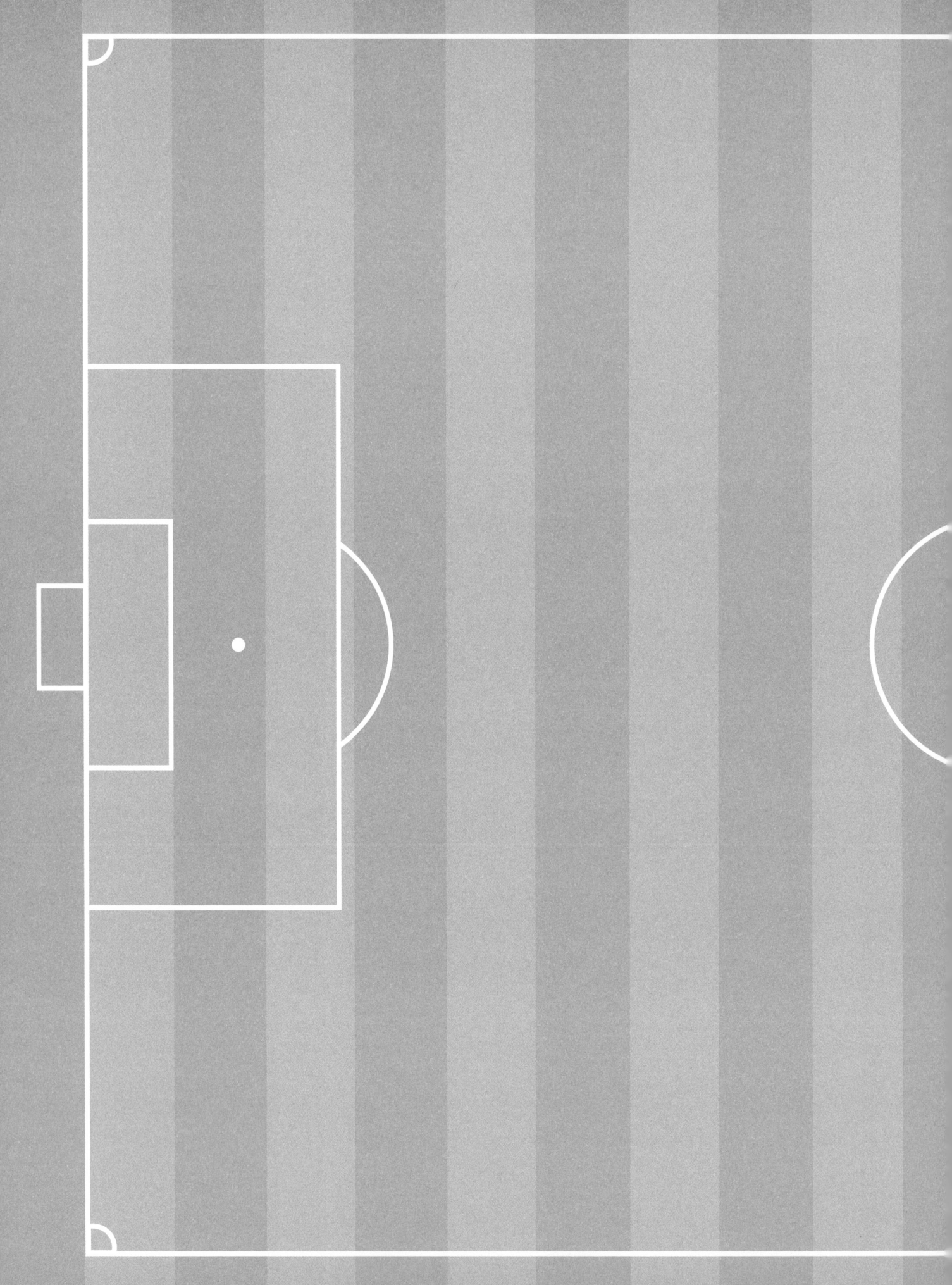